100 Jahre die Zukunft im Blick.

Fortschritt im Minutentakt.
Vom Pferdeomnibus zum DT5.

© Hamburger Hochbahn AG

Gestapelte Radreifenrohlinge

Editorial

Sehr geehrte Leserinnen und Leser,

Technik hat viele faszinierende Aspekte. Sie verändert die Welt und ermöglicht uns, unser Leben immer wieder auf neue Art zu erleichtern. In einer Zeit, die man aus heutiger Sicht als „Technik-Boom" bezeichnen kann, nahm die Hamburger Hoch- und Untergrundbahn ihren Betrieb auf. Von Anfang an präsentierte sie sich mit technischen Höchstleistungen. Daran hat sich in den vergangenen 100 Jahren nichts geändert.

Technische Entwicklungen helfen uns beim Tunnelbau, bei dem heute viel weniger Menschen den harten Bedingungen „unter Tage" ausgesetzt sind, als es zu seinen Anfängen der Fall war. Sie ermöglichen hoch effiziente Arbeitsabläufe auf unseren Betriebshöfen und in unseren Werkstätten, bei der Reinigung und bei der Instandhaltung von Haltestellen und Fahrzeugen sowie bei der Kommunikation zwischen Leitstelle, Fahrern und Fahrgästen. Und nicht zuletzt sorgen sie für Komfort und Pünktlichkeit unserer Busse und U-Bahnen, die in der Hansestadt täglich über eine Million Menschen bewegen.

Damals wie heute ist es das Ziel der HOCHBAHN, die Fahrgäste nicht nur sicher, sondern auch bequem und zuverlässig an ihr Ziel zu bringen. Hinzugekommen ist in den letzten Jahrzehnten der ökologische Aspekt: Heute gilt es mehr denn je, die Umwelt von Schadstoff- und Lärmemissionen zu entlasten, Ressourcen zu schonen und den Verbrauch nicht regenerativer Energieträger zu minimieren. Technische Entwicklungen helfen uns immer wieder aufs Neue dabei, diese Ziele zu erreichen.

Günter Elste

Vorstandsvorsitzender
Hamburger Hochbahn AG

Über diese Reihe

Anlässlich des 100-jährigen Bestehens der HOCHBAHN erzählen wir die Geschichte ihres Entstehens und ihrer Bedeutung für Hamburg: von den ersten Ideen über den Bau bis zur ersten Fahrt und darüber hinaus. Wir blicken zurück auf eine Zeit, als Pferdeomnibusse den Nahverkehr bestritten, und beobachten den Bau des Rings. Wir befassen uns mit der HOCHBAHN als Teil der Architekturgeschichte und als Sinnbild für „Kunst am Bau". Wir blicken hinter die Kulissen auf die Menschen, die hinter der Erfolgsgeschichte der HOCHBAHN standen und stehen. Wir zeichnen nach, wie sich die Mobilität in Hamburg durch die Einführung eines schnellen Verkehrssystems verändert hat und wie die HOCHBAHN als Motor der Stadtentwicklung fungiert. Der vorliegende Band beschäftigt sich mit der Rolle der HOCHBAHN als innovativer Schrittmacher der Fahrzeug-, Betriebs- und Infrastrukturentwicklung.

Dieses Buch ist der fünfte und letzte Teil der Themenreihe anlässlich des Bestehens der HOCHBAHN. Im Jubiläumsjahr 2012 wird eine Chronik erscheinen, die auf die Geschichte des Unternehmens zurückblickt.

Haupthalle der U-Bahn-Werkstatt, um 1912

Inhaltsverzeichnis

Kapitel eins

Am Puls der HOCHBAHN

100 Jahre Werkstätten in der Hellbrookstraße

Eine historische Inspektion	12
Ein Betriebshof für alle Technikfälle	13
Der Wiederaufbau in vollem Gange	21
Fahrzeugtechnik in Bewegung	25
Es gibt viel zu tun!	29

Kapitel zwei

Die Zeit der unbegrenzten Möglichkeiten

Technikglaube und Technikwahrnehmung im Kaiserreich

Fortschritt im Kaiserreich	36
Verkehr ist Zivilisation	38
Zu Lande, zu Wasser und in der Luft: Technik sorgt für Fortschritt	44
Kommunikation: Mehr Reichweite durch neue Technik	47
Zeitmangel und Nervosität	54

Kapitel drei

Großbaustellen unter der Stadt

Wie U-Bahn-Tunnel entstehen – amals und heute

Tunnelbau in Hamburg	60
Start mit leichtem Gerät	66
Unterstützung durch Technik	69
Unter Druck gegen das Wasser	71
T.R.U.D.E. und V.E.R.A.	74

Einzelthemen im Blickpunkt

Kapitel vier

Moderne Technik auf Schienen

Von T-Wagen, Silberlingen und anderen Schönheiten

Hamburg im Umbruch	78
Die Fahrzeugtypen	79
Neue Fahrzeuge für Hamburg – Doppeltriebwagen (DT)	84
Technischer Wandel in Kommunikation und Betriebsführung	93

Kapitel fünf

Bustechnik im Wandel der Zeit

Von echten Pferde-Stärken bis zur Dieselhybridtechnik

Entwicklung der Bustechnik bis in die fünfziger Jahre	100
City- und Schnellbus	103
Das große Ganze: Standard-Linienbusse	106
Kommunikation und Automatisierung	113
Die Crew hinter den Kulissen: der Betriebshof	120
Moderne Zeiten: Entwicklungen der letzten 20 Jahre	122
Ein Blick in die Zukunft: Saubere Technologien für Hamburg	123

Kapitel sechs

Die HOCHBAHN schläft nie

Ein Streifzug durch das Nachtleben im U-Bahn- und Busbetrieb

„Ohne uns gäbe es morgens ein Chaos."	128
Nachtschicht für mehr Sicherheit	132
Mit Hightech gegen den Schmutz	134
Im Gleisbett hat Sicherheit Vorrang	135
Schwerstarbeit im Tunnel	138
Plakatwechsel im Morgengrauen	140
Das Ende einer Nachtschicht	142
Bildnachweis / Impressum	144

Am Puls der HOCHBAHN
100 Jahre Werkstätten in der Hellbrookstraße

Björn Müller

Nächster Halt: Saarlandstraße. Hier in Barmbek beginnt meine Spurensuche. Genau genommen führt sie mich in die Hellbrookstraße. Ich lasse den Stadtpark links liegen und überquere die Saarlandstraße. Kaum eingebogen in die Hellbrookstraße, sehe ich es auch schon: das HOCHBAHN-Betriebsgelände. Am Tor erwartet mich bereits mein Begleiter. Willkommen bei der HOCHBAHN. Und obwohl wir noch keinen Schritt Richtung Werkstätten gegangen sind, beginnt sie genau in diesem Augenblick – meine Zeitreise durch 100 Jahre HOCHBAHN-Geschichte in Barmbek.

Eine historische Inspektion

Ich sehe mich um. Mein Begleiter, seit über 35 Jahren ein passionierter Hochbahner, folgt meinem Blick. Und dann beginnt er zu erzählen, was hinter diesem Tor und hinter diesen vielen Mauern steckt.

Tatsächlich sind die meisten der Gebäude hier schon ein Jahrhundert alt, denn sie wurden parallel zum Bau der Ringlinie zwischen 1906 und 1912 errichtet. Und noch heute laufen hier alle „Technikfäden" zusammen: Nach wie vor, betont der Hochbahner an meiner Seite, befindet sich hier die Hauptwerkstatt für die Instandhaltung sämtlicher U-Bahn-Fahrzeuge, die in Hamburg unterwegs sind. Ein Gabelstapler rollt an uns vorbei und verschwindet kurz darauf in einer Halle. Natürlich hat es hier im Laufe der Zeit und im Zuge des technischen Fortschritts sowie der Einführung neuer Fahrzeugtypen Modernisierungen gegeben. Mit dem Fuhrpark wuchs so auch das Know-how der Belegschaft, die, wie ich erfahre, schließlich selbst zahlreiche Neuerungen im Bereich der Fahrzeugtechnik initiiert hat.

Mich drängt es noch tiefer in die Vergangenheit. Wie fing auf diesem Fleckchen Hamburgs vor 100 Jahren eigentlich alles an? Mein Begleiter schmunzelt. Na gut. Wir blättern noch ein Kapitel weiter zurück.

46 000 Quadratmeter HOCHBAHN

Anfang des 20. Jahrhunderts, mit Beginn der HOCHBAHN-Zeit in Hamburg, galt es vor allem eines zu finden: einen geeigneten Standort für die Unterbringung, Reinigung und Instandhaltung der U-Bahn-Fahrzeuge. Genau hier,

Der Betriebshof Barmbek mit Verwaltungsgebäude und Kraftwerk, 1913

Blick auf Gleisanlagen und Wagenhallen des Betriebshofs Barmbek, um 1912: links die Betriebswerkstatt, rechts hinten die Hauptwerkstatt

in Barmbek, zwischen Rübenkamp und dem zu der Zeit erst in der Planung befindlichen Stadtpark, fanden die Planer diesen Standort schließlich. Seltsam, die Vorstellung, dass der Stadtpark da noch gar nicht existierte …

Viel Platz stand hier zur Verfügung – immerhin etwa 46 000 Quadratmeter. Und die Lage war perfekt. Schließlich befand sich das Gelände zwischen der Vorortbahn von Blankenese nach Ohlsdorf, die entlang des Rübenkamps verlief, und dem Wall parallel zur Straße Wiesendamm, auf dem die Züge der Ringlinie in und aus Richtung Kellinghusenstraße unterwegs waren und bis heute sind. Das Gelände war groß genug für ein weitverzweigtes Gleissystem. Durch eine zweigleisige Abzweigung von der Haltestelle Barmbek ließ sich der geplante Betriebshof schließlich optimal und auf kurzem Wege mit der Ringlinie verbinden, sodass Züge problemlos ein- und ausgesetzt werden konnten.

Ein Betriebshof für alle Technikfälle

Die Anlage, die neben der Abstellanlage und den Werkstatthallen auch ein Kraftwerk und das Verwaltungsgebäude der HOCHBAHN beherbergen sollte, ist bequem von der Hellbrookstraße aus zu erreichen. Mein HOCHBAHN-Begleiter zeigt auf das Gebäude rechts von uns,

Bau der Hauptwerkstatt, 1911

gleich neben dem Tor: das alte Verwaltungsgebäude. Früher wurde von hier aus das gesamte HOCHBAHN-Unternehmen gesteuert, heute beherbergt das Haus die Bereichsleitung U-Bahn-Fahrzeuge sowie die Mitarbeiter der Fachbereiche Fahrzeugtechnik und Prozessoptimierung. Die Hauptverwaltung zog bereits 1919, nachdem die HOCHBAHN die Straßen-Eisenbahn-Gesellschaft (SEG) und die Alsterschifffahrt übernommen hatte, in ein größeres und zentraler gelegenes Gebäude, den damaligen Alten Posthof, das heutige Hochbahnhaus in der Steinstraße.

Wir gehen einige Schritte. Dann deutet er auf das riesige Backsteingebäude hinter dem Verwaltungsbau: Dort lag das Kraftwerk. Mehr als 20 Jahre lang, von 1912 bis 1935, lieferte es Strom, bevor der damalige Eigentümer, die Hamburgischen Electricitäts-Werke (HEW), es aus wirtschaftlichen Gründen stilllegte.

Ich wende meinen Blick nach links auf das langgestreckte Gebäude direkt neben uns, das an die Hellbrookstraße angrenzt. Und noch ehe ich fragen kann, kommt schon die Antwort: Dies ist das Werkstattgebäude, 1912 fertiggestellt – genauso wie die zunächst zwei dahinterliegenden Hallen zur Unterbringung der Wagen – von den Firmen Siemens & Halske und der Allgemeinen Electricitäts-Gesellschaft (AEG). Es bot ausreichend Platz für alle erforderlichen Arbeiten. Ich bin beeindruckt, als ich höre, wie weitsichtig die Planer waren: Von vornherein ließen sie im wahrsten Sinne des Wortes Raum für einen wachsenden Fuhrpark sowie einen Maschinenpark für den damit verbundenen erhöhten Instandhaltungsbedarf. Den Platz für eine später zu errichtende dritte Halle bezogen sie von Anfang an in die Planung ein.

Jeweils 55 Meter lang und 34 Meter breit sind die ersten beiden Wagenhallen. Auf den je acht Gleisen finden bis zu 32 Wagen Platz. Vor rund 100 Jahren trafen in Halle 1 die neuen Fahrzeuge auf Tiefladewagen der Bahn über das damalige Bahnanschlussgleis ein. Die Hallen sind überwiegend mit Grubengleisen ausgestattet und größtenteils unterkellert, sodass die Fahrzeuge hier von Anfang an optimal gewartet werden konnten.

Um die Wagen einzeln aus den Hallen heraus zu den verschiedenen Arbeitsstationen des Werkstattgebäudes zu transportieren, kam damals wie heute eine besondere Vorrichtung zum Einsatz, erzählt der HOCHBAHN-Experte. Fragend schaue ich ihn an. Er zeigt mir eine Schiebebühne zwischen den Wagenhallen und der Haupthalle, mit der damals die Wagen quer zu den Werkstattgleisen versetzt werden konnten.

Alle Stationen unter einem Dach

Die HOCHBAHN-Zeitreise geht weiter und führt uns von den ersten beiden in die später ausgebauten Hallen des Werkstattgebäudes. Für schnelles und effizientes Arbeiten legten die Planer hier zwölf Gleise an, die sie zum Teil mit Arbeitsgruben versahen. Auf den beiden äußeren Gleisen richteten sie elektrische Hebebühnen für die Wagenkästen ein. Hier konnten die Drehgestelle schnell ausgebaut und zum mittleren Teil der Werkstatthalle, dem Mittelschiff, geschoben werden, wo schließlich

Haupthalle der U-Bahn-Werkstatt, 1912

In der hintersten Halle befindet sich die Lackiererei, die den Wagen oder auch nur einzelnen Bauteilen zu neuem Glanz verhilft.

Beste Verbindungen

Direkt vor der Pförtnerei im Zugangsbereich zum Werkstattgebäude befindet sich noch ein Gleis, das jetzt mit einem Prellbock versehen ist. Über dieses Zuführungsgleis zum Betriebshof rollten damals neben neuen Wagen auch wichtige Materiallieferungen ein. Das Gleis verlief vom Güterbahnhof auf der gegenüberliegenden Seite der Hellbrookstraße auf das Betriebshofgelände und dann weiter zwischen Verwaltungsgebäude und Kraftwerk auf der einen Seite und den Hallen sowie dem Werkstattgebäude auf der anderen Seite. Mein Blick

Arbeiter an Drehbänken ...

ein Laufkran dabei half, unter anderem die Elektromotoren auszubauen. Diese wurden dann mit Karren zum Prüfraum transportiert. Die Drehgestelle selbst konnten mittels Schiene und einer kleinen Drehscheibe, die sich im hinteren Bereich des Werkstattgebäudes befand, entweder zur Schmiede oder zur Radsatzdrehbank in die Dreherei gerollt werden, wo ein weiterer Kran die Radsätze in die Drehbank hob.

An den Wagenkästen selbst wurden zum Beispiel die Türen, Fenster und Sitze, die Heizung und die Wagenbeleuchtung kontrolliert. Die Handwerker ließen die Wagenkästen mithilfe der Hebevorrichtungen auf ein Werkstatt-Untergestell herab, das mit der Schiebebühne zum entsprechenden Reparaturstand geschoben werden konnte.

... und in der Schreinerei der U-Bahn-Werkstatt, 1912

folgt den Schienen. Erst Ende der neunziger Jahre, erfahre ich weiter, wurde das Anschlussgleis stillgelegt. Ein Teil war schon in den siebziger Jahren zurückgebaut worden. Ursprünglich führte das Gleis unter dem Damm der Ringlinienstrecke hindurch direkt zur dahinterliegenden Maschinenfabrik Heidenreich & Harbeck. Nach dem Rückbau endete es am Damm.

Noch mehr Anschluss fand das Betriebsgelände im Juni 1922 mit einer eigenen Verbindung an das Straßenbahnnetz und damit auch an die HOCHBAHN-eigene Wagenbauanstalt Falkenried in Eppendorf. Dieses Gleis zweigte an der U-Bahn-Haltestelle Flurstraße (heute Saarlandstraße) ab und führte durch die Hellbrookstraße zum Gelände. Diverse Maschinen- und Ersatzteile, aber auch Kohle für das Kraftwerk konnten auf diesem Wege mithilfe spezieller Transportwagen schnell angeliefert werden.

Und das ist noch immer nicht alles, berichtet mein Begleiter. Hier in der Hellbrookstraße profitierte man noch von einer weiteren Verbindung: dem sogenannten Stumpfgleis. Es führte zu einer Drehscheibe, auf dem die Wagen gewendet wurden. So konnten die Züge aus zunächst drei, später bis zu fünf Wagen zusammengestellt werden, an deren Ende sich jeweils ein Führerstand befinden sollte. Das Drehen war zudem nötig, um die Radreifen gleichmäßig abzunutzen. Einem fragenden Blick meinerseits folgt eine einleuchtende Erklärung: Die Züge fuhren auf der Ringlinie im Kreis, was die jeweils außen liegenden Radreifen stärker belastete. Durch die Drehung kam auch die andere Seite mal nach außen.

Rangiererinnen in Barmbek, 1915

Mehr Nachfrage, mehr Platzbedarf

Schon im ersten Jahr des Betriebs der Ringlinie erwies sich die auf steigenden Bedarf ausgelegte Planung des Geländes als richtig und wichtig: Die Fahrgastzahlen übertrafen die Erwartungen bei Weitem. Und sie stiegen weiter. Ständig musste die HOCHBAHN neue Wagen in Dienst stellen, um der wachsenden Nachfrage gerecht werden zu können. Ich ziehe innerlich meinen Hut vor so viel Weitsicht.

Schon 1912 kam somit, was kommen musste: Wagenhalle Nummer drei. Aber selbst dabei blieb es nicht, berichtet mein Begleiter. Nur drei Jahre später, 1915, öffnete eine vierte

Wagenhalle im Bau, 1911

Halle ihre Tore – eine XL-Version ihrer Vorgänger mit viel Platz für weitere 64 Wagen. Sie entstand südlich der drei anderen Wagenhallen, parallel zum Damm der Ringlinie, und war ganze 110 Meter lang und 43 Meter breit. Direkt neben der Halle errichtete die HOCHBAHN zudem ein weiteres zweigeschossiges Lager- und Werkstattgebäude. Damit waren die Geländekapazitäten des Betriebshofs erschöpft. Insgesamt ließen sich in den vier Hallen nun 160 Wagen unterbringen. Der Gesamtwagenpark umfasste damals fast 200 Wagen.

1930 rückten die Maurer dann doch noch einmal an, um auf dem allerletzten kleinen, noch freien Areal gegenüber der Halle 4 einen zweigeschossigen Backsteinbau zu errichten: die spätere Elektromeisterei.

Während das Gelände in Barmbek nun endgültig seine Kapazitätsgrenze erreicht hatte, wuchsen Schienennetz und Fahrgastzahlen weiter – und mit ihnen natürlich auch der Wagenpark. Die Auswirkungen auf die Betriebsabläufe ließen nicht lange auf sich warten:

Werkstatt und Wagenhallen, 1912

Je mehr Fahrzeuge instand zu halten waren, desto mehr Platz brauchte die Werkstatt natürlich. Aber es gab so gut wie keine Abstellmöglichkeiten mehr. Noch 1915 errichtete die HOCHBAHN deshalb am Ende der Stichstrecke nach Rothenburgsort weitere Abstellgleise.

Das war aber nur ein Tropfen auf den heißen Stein, erzählt mein Begleiter. Eine spürbare Entlastung erfuhr der Betriebshof Barmbek erst, als im April 1928 am Wiesendamm die neue Abstellanlage Stadtpark eröffnete. Sie war nach amerikanischem Vorbild in zwei Bereiche unterteilt: in den auf freier Fläche errichteten Aufstellungsbahnhof und die dahinterliegenden Wagenhallen. Nicht alle Wagen hatten also ein „Dach über dem Kopf". Während auf dem Betriebshof Barmbek die Gleislängen in den Hallen 1 bis 3 für Züge mit vier Wagen und in der Halle 4 für zwei Züge hintereinander mit je vier Wagen ausgelegt waren, konnte die HOCHBAHN auf den 20 Gleisen des neuen Aufstellungsbahnhofs und auf den 18 Gleisen der Wagenhallen jeweils 8-Wagen-Züge unterbringen. Viele Züge, die bis dahin in Barmbek geendet hatten, wurden nun bis zum Stadtpark weitergeführt. Da an der Hellbrookstraße auch kein Platz mehr übrig war, um sperrige Güter zu lagern, baute die HOCHBAHN ein hinter dem Betriebshof Stadtpark gelegenes Gebäude an der Ecke Wiesendamm/Saarlandstraße zu einem Lagerbahnhof um und verband es durch einen Straßenbahnanschluss mit dem Betriebshof Barmbek. Schwerere Teile ließen sich so bequem mit einem Transportwagen der Straßenbahn befördern.

Abstellanlage an der Saarlandstraße, 1953

Die NS-Zeit: Alltag zwischen Regime und Bombenangriffen

Mich interessiert, wie die NS-Zeit die Arbeit in der Hauptwerkstatt beeinflusst hat. Auch dazu weiß der Experte natürlich einiges zu berichten: 1934, ein Jahr nach der Machtübernahme durch die Nationalsozialisten, waren in der „Hochbahn-Hauptwerkstatt Barmbeck", wie die Bezeichnung nun offiziell lautete – Barmbek schrieb sich bis 1946 mit ck –, täglich über 500 Arbeiter für einen reibungslosen U-Bahn-Betrieb im Einsatz: von Betriebsschlossern und Schmieden über Elektriker und Schweißer bis hin zu Maurern, Malern und Tischlern.

Mit Ausbruch des Zweiten Weltkrieges 1939 wurden immer mehr Arbeitskräfte einberufen. Für die verbleibende Belegschaft wurde es zunehmend schwieriger, die anfallenden Arbeiten in gewohnter Weise und Schnelligkeit durchzuführen. Hinzu kam schließlich das Kriegsgeschehen selbst mit alliierten Bombenangriffen. Sie richteten auch auf dem Betriebshof Barmbek Schäden an, die jedoch glücklicherweise nicht verheerend waren. Im Juli 1944 beschädigten Sprengbomben und Blindgänger das Dach, die Giebelwand und Werkzeugmaschinen der Werkstatt. Eine in der Nähe explodierende Sprengbombe richtete am 12. Oktober 1944 zwar nur geringe Gebäude-, aber starke Glasschäden an.

Dramatische Verluste gab es jedoch beim Fuhrpark: Fast 85 Prozent der Wagen wurden im Kriegsverlauf mehr oder minder stark beschädigt. Die Werkstatt konnte zwar weiterhin arbeiten, die Zuführung der Fahrzeuge war durch die zahlreichen Bombentreffer im Netz aber immer wieder unterbrochen. In Behelfswerkstätten an der Kellinghusenstraße, am Ochsenzoll und in Volksdorf waren zwar kleine Revisionen der U-Bahn-Wagen möglich, die meisten noch verbliebenen Wagen waren aber ununterbrochen im Einsatz und bedurften dringend einer Grundüberholung. Deshalb wurde der Betriebshof Barmbek mit seinen Werkstätten zügig wieder an das Netz angeschlossen. Er hatte zwar auch einige Beschädigungen erlitten, erzählt mein Begleiter, war aber bis zum Kriegsende benutzbar. Immer mehr Wagen mussten dort abgestellt werden, und es wurde immer enger. Zudem kam es durch die kriegsbedingt eingeschränkten Sicherungseinrichtungen auf den verbliebenen Streckenabschnitten zu mehreren schweren Unfällen mit U-Bahn-Zügen. Die Arbeiter in der Werkstatt hatten deshalb alle Hände voll zu tun: Neben den laufenden Revisionen und der Wiederherstellung verbrannter Wagen mussten sie auch zahlreiche im Betrieb entstandene Schäden beheben.

Bombenschäden auf dem Betriebshof Barmbek, um 1945

Der Wiederaufbau in vollem Gange

Nach Kriegsende stand die Hauptwerkstatt vor allem vor der Aufgabe, die Schäden auf dem Gelände zu beseitigen und innerhalb kurzer Zeit den stark dezimierten Fahrzeugpark wieder aufzubauen. In einer Zusammenarbeit zwischen der U-Bahn-Werkstatt in Barmbek und den Fahrzeugwerkstätten Falkenried wurden zwischen 1945 und 1950 insgesamt 71 Wagen wieder aufgebaut und zugleich technisch modernisiert. Dazu verwendete die Werkstatt am Falkenried alle noch brauchbaren Teile von zerstörten Wagen. In Barmbek wurde anschließend die elektrische Ausrüstung eingebaut. Der erste dieser „neuen" Züge ging 1947 auf die Strecke.

Und was passierte zwischen 1945 und 1947? Das frage ich erst mich und dann den Experten an meiner Seite. Der erklärt mir, dass die HOCHBAHN in dieser Übergangszeit alle alten Züge einsetzte, die noch halbwegs fahrtauglich waren, um die Hamburger von A nach B zu bringen. 1948 rüstete die HOCHBAHN die

Montage von U-Bahn-Wagen am Falkenried, 1948

Halle 2 auf dem Betriebshof Barmbek zur Montagehalle um, in der die elektrische Ausrüstung eingebaut, die Drehgestelle aufgearbeitet und die Wagen zusammengebaut wurden. 1949 waren alle vier Hallen vollständig wiederhergestellt.

Weil die Werkstätten am Falkenried zunehmend mit der Straßenbahnherstellung ausgelastet waren, übernahmen ab 1951 auswärtige Waggonfabriken deren Tätigkeiten: Talbot in Aachen und Fuchs in Heidelberg fertigten aus noch verwendbaren Altteilen und neuen Komponenten insgesamt 47 U-Bahn-Wagen.

Bis 1953 wurden damit insgesamt 118 Wagen neu aufgebaut, technisch modernisiert und wieder in Betrieb genommen. Diese umfangreichen Wiederherstellungsarbeiten zwangen zwischenzeitlich die Schiebebühne in die Knie, wie mein Begleiter berichtet: Sie war so stark belastet, dass sie 1950 erneuert werden musste.

Konstruktionsbüro am Falkenried, um 1950

T-Wagen neben einem DT4 in der Halle 4, 2011

nicht nur neue Fahrzeugtypen, sondern zum Beispiel auch eine Unterflur-Radsatzdrehbank, eine Elektrowerkstatt und eine Batterieladestation. Automatisch öffnende Hallen-Gliedertore und erstmals auch Laufstege im Gleisbereich folgten Anfang der Siebziger. Da war ja ganz schön viel los, finde ich. Mein Begleiter nickt.

Und der Experte ist noch nicht fertig mit seinem Bericht: Mit der nächsten Generation, dem 60 Meter langen DT4, stand nämlich im Januar 1987 auch der Umbau der Halle 3 an. Um sie in Richtung des Werkstattgebäudes um 15 Meter zu verlängern, musste eine Teilfläche der alten Schiebebühne stillgelegt und abgebaut werden. Mit Abschluss der Arbeiten

Fortschritt im Minutentakt

In den folgenden Jahrzehnten musste die HOCHBAHN Ausstattung und Kapazitäten der Werkstätten fortlaufend erweitern und anpassen. Von meinem Begleiter erfahre ich, dass die Umbauten zum größten Teil mit der Einführung der neuen Fahrzeugtypen DT1 bis DT5 verbunden waren. Bevor zum Beispiel die neuen Fahrzeuge des Typs DT1 1958 und 1959 in Betrieb genommen werden konnten, mussten auf dem Betriebshof rund 600 Meter neue Gleise verlegt werden.

Und die nächste Generation ließ nicht lange auf sich warten. Schon zwischen 1962 und 1971 kamen 759 neue Wagen vom Typ DT2 und DT3 hinzu, und die HOCHBAHN musste die Anlagen noch einmal modernisieren und die Einrichtung anpassen. So brachten die sechziger Jahre der Hauptwerkstatt Barmbek

Batterieladestation, 2011

DT4 auf der Hebeanlage in Halle 3, 2011

und Inbetriebnahme am 30. April 1988 war eine moderne Wartungshalle mit drei Gleisen entstanden. Ein Gleis verfügt über eine Arbeitsgrube, während ein weiteres Gleis mit einer hochmodernen Hebeanlage ausgerüstet ist, die ein komplettes DT4-Fahrzeug anheben kann.

Am 14. Oktober 1988 rollte vor den Augen zahlreicher Hochbahner der erste DT4 auf den Barmbeker Betriebshof, um hier auf Herz und Nieren geprüft und auf seine Inbetriebnahme vorbereitet zu werden. Dabei machten Techniker die Sicherheits- und Informationseinrichtungen betriebsbereit, programmierten per Computer die Elektronik der Zug- und Wagensteuerung und kontrollierten schließlich sämtliche Fahrzeugfunktionen. Anschließend ging es per Diesellok mit dem neuen Fahrzeug zur ersten Fahr- und Bremsprobe auf das Versuchsgleis Berne. Nach der Probe folgte die Taufe: In einer Feierstunde in der Hauptwerkstatt gab der Leiter des Bezirksamtes Hamburg-Mitte, Peter Reichel, den ersten drei Fahrzeugen der neuen Baureihe die Namen Borgfelde, Klostertor und St. Georg.

Blick unter ein Drehgestell eines DT4, 2011

Höher, tiefer, weiter – von oben bis unten auf DT5 eingestellt

Heute wartet man in Barmbek gespannt auf den neuen Typ DT5, für den bereits alles vorbereitet ist. Ein Teil der Halle 2 wurde von Anfang 2008 bis Mitte 2009 bereits „fit gemacht" für die neue Generation. Um neue Unterflur-Hebestände einbauen zu können, wurde die Halle zweigeschossig unterkellert. Ein Hebestand wurde bereits installiert, für einen zweiten wurden alle Vorrichtungen angelegt. So lässt er sich schnell einbauen, falls Bedarf besteht. Der Boden des Kellers liegt nun fünfeinhalb Meter unter dem Hallenboden. Der Umbau war eine echte Herausforderung, erklärt mir der Experte, denn der Betriebshof befindet sich auf überwiegend sandigem Untergrund. Zudem musste der Keller aufgrund seiner Tiefe gegen Grundwassereinbruch geschützt werden.

Unterbau der neuen DT5-Halle, 2011

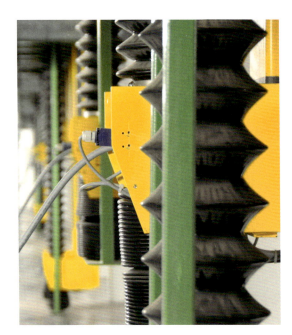

Zylinder des Hebestandes der DT5-Halle, 2011

Mein Begleiter zeigt mir Bilder vom DT5, und nun wird mir auch klar, warum das Hallendach erhöht werden musste: Die Technik für die Klimatisierung des Fahrgastraums befindet sich auf dem Dach. Entsprechend hoch sind die Kräne. Um die Arbeitsabläufe ergonomisch und sicher zu gestalten, wurden zudem für Arbeiten an den Geräteräumen und Drehgestellen Seitengruben angelegt sowie zur Erreichung der Klimakomponenten verfahrbare Rollgerüste beschafft. Aber auch die Hallenoptik soll stimmen und zu den anderen Hallen passen. So waren die Architekten unter anderem darauf bedacht, den typischen Giebel zu erhalten.

Fahrzeugtechnik in Bewegung

Aber die HOCHBAHN modernisiert nicht nur die Wagenhallen und die Werkstatt. Auch an den einzelnen Fahrzeugtypen nimmt sie im Laufe der Zeit hier in Barmbek immer wieder Umbauarbeiten vor, oft um die Betriebsabläufe zu erleichtern. Monitore im Fahrerraum erlauben es den Fahrern zum Beispiel seit 1988, die Züge sicherer und schneller abzufertigen. Mein gut informierter Begleiter erklärt mir, dass aber auch neue Sicherheitsvorschriften einen Umbau erforderlich machen können. In diese Kategorie fielen beispielsweise der Einbau von automatischen Türschließvorrichtungen (1952/53) sowie die Ausrüstung mit Sicherheitsglas, die ab 1955 erfolgte.

Mitte der siebziger Jahre erhielten die Fahrzeuge Zugtelefongeräte und Innenlautsprecher. Daneben baute die HOCHBAHN auch Personenfahrzeuge in Betriebsfahrzeuge um und restaurierte alte Wagen, um sie als Museumsfahrzeuge einzusetzen. 1995 startete sie unter anderem ein Umbauprogramm für ältere DT3-Fahrzeuge, um diese weitere 15 bis 20 Jahre einsetzen zu können. Besonders die Korrosionsschäden im Bereich der Wagenkästen machten eine Grunderneuerung notwendig. Bei dieser Gelegenheit wurden diese Fahrzeuge auch gleich optisch im Hinblick auf die Frontgestaltung und den Innenraum dem DT4 angepasst.

Spezialisten für individuelle Lösungen

Seit jeher ist die Hellbrookstraße darüber hinaus der Ort für die Weiterentwicklung der Fahrzeuge. Mein Begleiter fragt mich, wann ich das letzte Mal einen Zug in der Kurve habe quietschen hören. Ich muss überlegen, und er grinst: Das Quietschen kommt tatsächlich kaum noch vor. In Zusammenarbeit mit der Firma Bochumer Verein Verkehrstechnik GmbH entwickelten die Experten der HOCHBAHN schon vor vielen Jahren einen Schallabsorber, eine Art mehrfache Stimmgabel, die die Schwingungsenergie in Wärme umwandelt. Und ab 1980 rüstete die HOCHBAHN die Radsätze entsprechend um.

Aber auch die Brandsicherheit in den Schienenfahrzeugen steht immer wieder im Mittelpunkt umfangreicher Untersuchungen. So führten die Barmbeker Mitarbeiter im Frühjahr 1983 mehrere Brandversuche an einem ausgemusterten DT2 Fahrzeug durch. Aufgrund der so gewonnenen Erkenntnisse erhielten die Fahrzeuge zum Beispiel eine geänderte Türsteuerung sowie eine elektrische Notbremsüberbrückung, der Brandschutz der Sitzpolster wurde verbessert, und es wurden fortan schwer entflammbare Materialien verwendet. Außerdem wurden die Grundlagen für den Einbau von Sprinkleranlagen in die neuen DT4-Fahrzeuge geschaffen.

Schallabsorber am U-Bahn-Rad, 2011

Lackierhalle der U-Bahn-Werkstatt, 2011

Mit Beginn der achtziger Jahre modernisierte die HOCHBAHN in einem umfassenden Sanierungsprogramm alle Werkstätten. Das Ziel: Ergonomie und Effizienz. Ich erfahre, dass die einzelnen Werkstattbereiche neu organisiert wurden, um die Arbeitswege zu verkürzen und die Abläufe zu optimieren. Neben einem Elektroniklabor entstanden so auch ein neuer Fertigungsbereich mit moderner Prüf- und Fertigungstechnik sowie eine Halle, in der verschmutzte Drehgestelle und Kupplungen gründlich gereinigt werden.

Für jeden Typ zu haben – die Lackierhalle

Schließlich führt mich mein Begleiter zu einer weiteren Halle, die die HOCHBAHN im Jahr 2000 in Betrieb genommen hat. Hier werden umgebaute oder reparierte U-Bahn-Fahrzeuge mit einem neuen Farbanstrich versehen oder Einzelteile lackiert. Die nach modernsten technologischen Erkenntnissen und aktuellen Umweltschutzauflagen gestaltete Halle hat zwei Gleise: Auf dem ersten bereiten die Mitarbeiter die Wagen zum Lackauftrag vor. Für die Lackierarbeiten selbst steht auf dem zweiten Gleis eine 47 Meter lange Spritzkabine bereit, die je nach Fahrzeuglänge mit einem Rolltor verkürzbar ist. Durch die variable Länge lassen sich innerhalb kürzester Zeit die unterschiedlichen U-Bahn-Typen DT2, DT3 und DT4 lackieren. Acht Lüftungsanlagen sorgen bei den Arbeitsvorgängen für einen klimatisierten und staubfreien Luftaustausch.

Schreibtisch mit Wagenakten und Wartungsunterlagen in Halle 4, 2011

Ein Wagen, eine Akte, drei Fristen

Auf bis zu 130 000 Kilometer bringt es ein HOCHBAHN-Fahrzeug im Jahr. Bei somit mehr als 10 000 Kilometern monatlich stehen natürlich häufiger Inspektionen und Wartungen an, als wir „Normalverbraucher" es von unseren Autos gewohnt sind. Die Arbeiten sind auf die Betriebswerkstätten Farmsen und Barmbek sowie die Hauptwerkstatt Barmbek verteilt. Schon deshalb sind die Fahrzeugakten – heute natürlich vollelektronisch – unverzichtbar: Jedes Fahrzeug besitzt eine eigene, aus der hervorgeht, wann es überholt werden muss und mit welchem Ergebnis die letzten Arbeiten durchgeführt worden sind. Mein Begleiter erzählt, dass in den fünfziger Jahren eine Steckziffer in der Fahrerkabine auf den Werkstatt-Tag hinwies, die auch angab, wann welche Arbeiten fällig waren. Beim DT4 übernimmt das längst der an Bord befindliche „Diagnose-Computer". Automatisch registriert er Störungen und Fehler im Fahrzeug, die die Werkstattmitarbeiter wiederum aus dem Rechner abrufen können. Technik, die begeistert.

Handarbeit: Lackierung von U-Bahn-Teilen, 2011

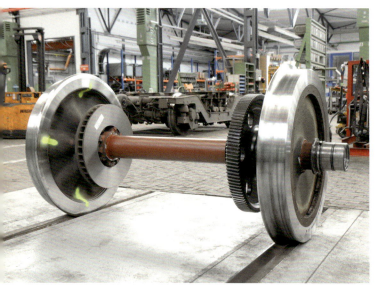

U-Bahn-Achse mit neuen Radreifen, 2011

Die Instandhaltungsmaßnahmen, die in festen Zeitintervallen oder abhängig von der Laufleistung anstehen, gliedert die HOCHBAHN unter anderem in sogenannte F1-, F2- und F3-Fristen. In der seit August 1963 bestehenden Betriebswerkstatt Farmsen geht's zur F1-Frist. Das bedeutet: Alle 21 Tage muss jedes Fahrzeug hier eine Inspektion und Wartung durchlaufen. Dabei werden Bremssand- und Scheibenwaschanlage aufgefüllt, und die Wagen werden, ähnlich wie Pkws in der Waschstraße, in einer speziellen Waschanlage von außen gereinigt. Die Werkstatt ist zudem so weit ausgerüstet, dass sie auch außerplanmäßige Instandhaltungsarbeiten durchführen und kurzfristig im Betrieb entstandene Schäden beheben kann.

Für die F2- und F3-Fristen ist die Betriebswerkstatt Barmbek zuständig, die sich heute auf die vier Hallen des Betriebshofs Barmbek verteilt. Die F2-Frist fällt für jedes Fahrzeug nach 120 Tagen an. Dreimal im Jahr überprüfen es die dortigen Mitarbeiter für jeweils etwa 4,5 Stunden in der Wagenhalle 4 auf Herz und Nieren. Die F3-Frist steht – je nach Fahrzeugtyp – alle 150 000 bzw. nach jeweils 190 000 gefahrenen Kilometern an und ist mit einer zweieinhalbtägigen Standzeit verbunden.

Am Fahrzeug selbst wird bei den Fristen aber in der Regel kaum etwas repariert, erfahre ich. Wenn ein Teil schadhaft ist, ersetzen die Werkstattmitarbeiter das gesamte Modul durch ein intaktes, sodass die Standzeit sich auf ein Minimum reduziert und das Fahrzeug schnell wieder einsatzbereit ist. Für Fehlersuche und Reparatur des Moduls ist später Zeit, wenn das U-Bahn-Fahrzeug schon längst wieder auf den Schienen der Hansestadt unterwegs ist.

Schweißarbeiten an einem DT3, 2011

Die Haupthalle der U-Bahn-Werkstatt, 2011

Es gibt viel zu tun!

In der Hauptwerkstatt Barmbek, die im alten Werkstattgebäude untergebracht ist, nehmen die Fachleute die Fahrzeuge schließlich nach jeweils 500 000 gefahrenen Kilometern oder spätestens alle acht Jahre genauestens unter die Lupe: Dann ist Zeit für die umfassende Inspektion gemäß der Bau- und Betriebsordnung Straßenbahn (BOStrab). Diese Frist gilt für alle Fahrzeuge. Für den DT4 gibt es allerdings eine Ausnahmegenehmigung, weil dessen Komponenten verschleißfester sind als die der früheren Fahrzeuggenerationen. Deshalb muss er erst nach zehn Jahren, unabhängig von der Kilometerleistung, zur BOStrab-Inspektion.

Anders als in der Anfangszeit des Betriebshofs bleiben die Wagenkästen heute in den Fahrzeughallen. Die einzelnen Komponenten werden in unterschiedlichen Bereichen der Hauptwerkstatt überholt. Auch hier sind kurze Standzeiten wichtig: Die Mitarbeiter tauschen die fehlerhaften elektronischen und mechanischen Komponenten aus; deren Aufarbeitung für die weitere Verwendung erfolgt separat.

Für die Bearbeitung der Radreifen ist die Mechanik-Werkstatt zuständig. In ihren Aufgabenbereich fallen so zum Beispiel die Bereifung und Profilierung der Radsätze oder die Unterflurbearbeitung der Radreifen. Durch die Reibung, die zwischen Rad und Schiene auf-

tritt, wird das Material Millimeter für Millimeter abgenutzt, sodass die Radreifen nach etwa 1,4 Millionen Kilometern erneuert werden müssen. Zwischenzeitlich erhalten die Laufflächen durch mehrmalige Nachprofilierung ihre ursprüngliche konische Form zurück, die im Gegensatz zur zylindrischen Form, die die Radreifen noch bis in die siebziger Jahre aufwiesen, weniger Verschleiß aufweist und zudem das Fahrzeug ruhiger laufen lässt.

Auf einer sogenannten Unterflur-Radsatzdrehbank lässt sich die Profilkontur der Radreifen im eingebauten Zustand bis zu dreimal vollautomatisch wiederherstellen. Diese Maschine ist in einer eigens errichteten 130 Meter langen Halle am Bahndamm parallel zum Rübenkamp untergebracht. Hier können die Mitarbeiter in anderthalb Tagen einen kompletten Zug bearbeiten. Ich erfahre wieder einmal, welche Erleichterung der technische Fortschritt bringen kann: Was früher mehrere Arbeiter mühsam auf einer Schleif- bzw. Drehbank herrichteten, erledigt heute eine Person am Computer. Ist der Radreifen schließlich „abgefahren", wird er entsorgt und durch einen neuen ersetzt. Entsprechende Rohlinge bestellt die HOCHBAHN mit genauen Vorgaben und bringt sie in der Werkstatthalle in einer speziellen Profilierungsmaschine auf die gewünschten Maße. In einem sogenannten Ringfeuer werden sie zunächst erhitzt, dann auf die Radscheibe aufgeschrumpft und schließlich mit einem Sprengring gesichert.

Die hohe Laufleistung der HOCHBAHN-Fahrzeuge beansprucht auch das Material der Elektromotoren und Schalteinrichtungen enorm.

Leitstand der Unterflur-Radsatzdrehbank, 2010

Die Mitarbeiter in der Elektrowerkstatt nehmen die früher üblichen Gleichstrommotoren deshalb regelmäßig auseinander, drehen die Kollektor-Laufflächen ab und erneuern Wicklungen und Kontakte. Die Schaltung der Fahrzeugmotoren ist allerdings bei den einzelnen Fahrzeugtypen sehr unterschiedlich: Während die Geschwindigkeitsstufen bei den T-Wagen der Anfangszeit noch über einen mechanischen Nockenschalter betätigt wurden, verfügen die Doppeltriebwagen (DT) bis zur Fahrzeuggeneration DT3 über elektromechanische Relais und elektrische Steuerungen, die mit jeder Generation kleiner geworden sind. Deshalb geht es bei der „Instandhaltung" heute immer weniger um Reparaturen elektromechanischer Komponenten, sondern zunehmend um die Bearbeitung elektronischer Bauteile. Die elektrischen Einrichtungen sind heute auf Geräteträgern, -tafeln oder zu größeren Baueinheiten zusammengefasst, die gegebenenfalls komplett getauscht werden können. Die ausgebauten Teile werden mithilfe von teilweise mobilen Prüfständen auf Fehler untersucht und instand gesetzt.

Und der HOCHBAHN-Motor läuft weiter ...

Seit einem Jahrhundert bewegt die HOCHBAHN Hamburg und hat sich dabei stetig weiterentwickelt. Von Anfang an war der Betriebshof Barmbek dabei unerlässlich. Die in der Hellbrookstraße fachmännisch gewarteten und voll funktionstüchtigen Züge haben den „HOCHBAHN-Motor" stets am Laufen gehalten und dafür gesorgt, dass nicht nur technisch, sondern auch betrieblich alles nach Fahrplan läuft.

Hier endet sie, meine persönliche HOCHBAHN-Zeitreise. Ich bedanke mich bei meinem Begleiter fürs Mitnehmen in 100 Jahre Barmbeker HOCHBAHN-Geschichte(n) und mache mich auf den Heimweg. Kurz darauf lasse ich mich an der Haltestelle Saarlandstraße erneut mitnehmen – diesmal allerdings vom DT3. Und in naher Zukunft dann gern auch vom DT5 ...

Arbeiten am Geräteträger eines DT4, 2011

Blick auf Gleisanlagen und Wagenhallen des Betriebshofs Barmbek, 2011

Die Zeit der unbegrenzten Möglichkeiten

Technikglaube und Technikwahrnehmung im Kaiserreich

Dr. Klaus Schlottau

Der Übergang vom 19. zum 20. Jahrhundert war eine Zeit bahnbrechender Erfindungen und Entwicklungen. Technische Neuerungen erleichterten und verschönerten den Alltag in fast allen Lebensbereichen, und der Glaube der Menschen an die Fähigkeiten der Technik war fast grenzenlos. Ein Streifzug durch eine der kreativsten Epochen deutscher Geschichte.

Fortschritt im Kaiserreich

Das Deutsche Kaiserreich wurde 1871 nach den „Einigungskriegen" im besiegten Frankreich gegründet. Es bestand aus 28 Bundesstaaten: vier Königreichen, zwei Großherzogtümern, etlichen Fürstentümern und drei Stadtrepubliken. Die Verfassungen und Wahlsysteme dieser Bundesstaaten reichten von einer ständischen Verfassung über das allgemein verbreitete Dreiklassenwahlrecht bis hin zu einem fast modernen Wahlrecht – allgemein, frei, geheim – für den Reichstag, der allerdings nur sehr wenige Einflussmöglichkeiten besaß. Dominiert wurde das Kaiserreich von Preußen, dessen König 1871 von den Reichsfürsten in Versailles zum Kaiser Wilhelm I. proklamiert worden war. In den ersten Jahrzehnten lag die Machtausübung beim Reichskanzler Otto von Bismarck. Der Enkel Wilhelms I., Kaiser Wilhelm II., führte bei seinem Regierungsantritt im Jahr 1888 das „persönliche Regiment" ein: Seine Regierungszeit und sein Regierungsstil des Neo-Absolutismus können als eigentliche „Wilhelminische Ära" des Kaiserreichs betrachtet werden.

Bismarckdenkmal, um 1900

Die wirtschaftliche Stagnation nach der Gründerkrise 1873 ging in den 1890er-Jahren in eine lang anhaltende Wachstumsphase über. Erstmals lebten mehr Menschen in den Städten als auf dem Land, und die Wirtschaftsleistung der Industrie übertraf zum ersten Mal jene der Landwirtschaft. Dominierend waren die Montanindustrie und die beiden neuen großen Industrien: die chemische und die Elektroindustrie. Sie waren auch weltweit führend, sodass die bis 1890 geltenden Schutzzölle gegen Agrarimporte, die nur den „Großagrariern" nutzten, fallen mussten – anders wäre es nicht möglich gewesen, im Gegenzug Industriewaren zu exportieren. Diese Schutzzölle verhinderten aber auch, dass Lebensmittel billiger und für die Arbeiter bezahlbar wurden. In der Folge hatte sich die Schere zwischen den Schichten der noch fast ständischen Gesellschaft weiter geöffnet. Mit dem Wegfall der Agrarschutzzölle wurde das Brot billiger, und die Menschen konnten sich sogar gelegentlich einen Sonntagsbraten leisten: Überall in Norddeutschland nutzten die Bauern die billige russische Importgerste für die Schweinezucht.

Sichtbarer Ausdruck der Verbesserungen waren technische Neuerungen und Großbauten: gewaltige Speicher in den Häfen, monumentale Großmühlen und Futtermittelsilos, Schlachthäuser in den Städten, Kühlschiffe, Kühlwaggons und schließlich Kühlhäuser für vergängliche Nahrungsmittel. Parallel dazu entstand die Stadttechnik. Dazu gehörten eine Wasserversorgung, Abwasserentsorgung, Müllverbrennung, aber auch Großkrankenhäuser und der Bau neuer Wohn- und Siedlungsformen, Beleuchtung, Verkehrsentwicklung und Kommunikation innerhalb der Stadt.

Wilhelm II. präsentierte sich als weltoffener, der Zukunft zugewandter Kaiser. Er stand dem

Bürgertum nahe, das für den technischen Fortschritt sorgte, und damit indirekt auch im Bündnis mit den Arbeitern, die diesen Fortschritt umsetzten. Technik war zum Synonym von Macht geworden und wurde daher auch national vereinnahmt – in der Tagespresse und im Buch dominierten deutsche Erfindungen sowie deutsche Technik, sodass in der Bevölkerung der Eindruck entstand, anderen überlegen zu sein. Fortwährende Desinformation über den technischen Fortschritt in anderen Nationen führte dazu, dass man an die deutschen Erfinder, an innovative Unternehmen, an den Kaiser und an die Technik an sich glaubte.

Von der Erfinderkammer zum großen Industriebetrieb

Am Ende des 19. Jahrhunderts zeigte sich, dass in vielen Wissensgebieten die Intuition der technischen Erfinder nicht mehr ausreiche. Viele davon – zum Beispiel Nachrichtentechnik, Hochfrequenz- und Vakuumtechnik, organische und Elektrochemie, Metallurgie – waren inzwischen so groß und international geworden, dass eine Spezialisierung in die Bereiche Wissenschaftler, Ingenieure und praktizierende Techniker oder Mechaniker unumgänglich geworden war. Es entstanden zunehmend Techniker-, Ingenieur- sowie technische Hochschulen, die mit den Universitäten in der Grundlagenforschung zusammenarbeiteten. Auch in wirtschaftlicher Hinsicht konnte der typische Erfinder nicht mehr Schritt halten. Die neuen Industriebetriebe erforderten hohe Investitionen, sodass Ingenieurunternehmer seltener wurden. Zunehmend wurden Erfinder und Fachleute mit technischem Wissen eingekauft, um Probleme im Betrieb zu lösen.

Kaiser Wilhelm II.

Der für die Öffentlichkeit wesentlichste Fortschritt war das elektrische Licht, das die Dunkelheit aus den Städten vertrieb, den Tag verlängerte und allen erlaubte, die neuen, hell erleuchteten Passagen und Boulevards und die Auslagen der Geschäfte zu bewundern. Licht wurde zum Symbol der Moderne, die als Göttin dargestellt wurde. In einem Vortrag in Berlin prägte der Literaturhistoriker Eugen Wolff sie im September 1886 als *„ein modernes, d. h. arbeitendes Weib, und doch zugleich ein schönheitsdurchtränktes, idealerfülltes Weib (…) wild bewegt wie der Geist der Zeit, (…) mit flatterndem Gewand und fliegendem Haar, mit vorwärtsschreitender Gebärde (…) durch ihren Inbegriff aller irdischen Schönheit begeisternd mit fortreißend, – das ist unser neues Götterbild, die Moderne."* [1]

Die auf dem Globus thronende Moderne entsprach so gar nicht der Germania und anderen zeitgenössischen Darstellungen der von Richard Wagner inspirierten altgermanischen Walküren und Göttinnen: Aus dem gusseisernen, geflügelten Rad sprühten Funken von Elektrizität vor dem Hintergrund dräuender Gewitterwolken, die überstrahlt wurden von einer Glühbirne. Das Licht wurde bereits seit dem 18. Jahrhundert mit der Aufklärung verbunden; das Bild des Lichts mit dem Sieges-

Werbeplakat der AEG, 1888

kranz sollte künftig in anderen Formen auftauchen und die Zukunft durch allgemeinere Anwendungen der Elektrizität, moderne Kommunikations- und Verkehrstechnik, die Eisenbahn, den Telegrafen, das Telefon und den Funk bestimmen.

Verkehr ist Zivilisation

Die technische Entwicklung der Wendezeit vom 19. zum 20. Jahrhundert war noch von der Eisenbahn dominiert. Sie schuf in Deutschland das Bild des technischen Fortschritts als *„eines Fortschritts des radikalen Neuanfangs, eines Fortschritts zur großen Maschine, zur großen Kraftkonzentration und zum vernetzten System – eines Fortschritts, der sich seinen Bedarf selbst schuf"*[2]. Im öffentlichen Bewusstsein Deutschlands waren mit der Eisenbahn verschiedene Ereignisse verbunden, darunter die erfolgreiche Reichseinigung in drei Kriegen, die enorme Steigerung der Menge transportierter Güter und Personen, aber auch der Aufbau großer und effizienter Verwaltungseinheiten in der Reichsbahn, der mit einem Beamtenstatus auch für die Unterschicht verbunden war. Zugleich zeigte sich in der sogenannten Gründerkrise von 1873 bis 1879, dass die privaten Eisenbahn-Aktiengesellschaften nicht in der Lage waren, ein Verkehrssystem zu organisieren und am Leben zu erhalten. Kurz nach der Reichsgründung, ab 1880, verstaatlichte deshalb jeder Bundesstaat die bisherigen Privatgesellschaften, die erste neue Gesellschaft war die Königlich Preußische Eisenbahn-Verwaltung. Trotz dauernder Investitionen in den Gleisbau und den Bahnhofsneubau sowie fast einer Million Mitarbeiter speisten die deutschen Flächenstaaten, zum Beispiel die Königreiche Preußen, Bayern, Sachsen und Württemberg, fortan aus den Überschüssen der Eisenbahngesellschaften durchschnittlich fast ein Drittel des Staatshaushaltes.

Alle großen Fernbahnhöfe des 19. Jahrhunderts lagen am Rand der alten Städte: dichter dort, wo Arbeiter- und Industriebezirke lagen, weil dadurch der Grunderwerb billiger war; weiter entfernt, wenn dort die Viertel der Vermögenden lagen. Die weit verbreitete Konzeption als Kopfbahnhof erzwang auch die Bildung eines

Übergangs zum lokalen Verkehr, der bald mit enormer Dichte einsetzte. Nicht allein die technisch dominierte Bahnsteighalle und das Empfangsgebäude im Übergang zur Stadt, sondern insbesondere die Pferdeomnibusse, Dampfkleinbahnen, Straßenbahnen, Pferde- und Kraftdroschken machten die Bahnhofsviertel in den Städten zu Verteilzentren der technischen Zivilisation – was wiederum das soziale Prestige der Bahnhofsviertel oder der entstehenden Bahnhofsvorstädte minderte. Neue Straßen mussten angelegt werden, die den technischen und statischen Anforderungen des täglichen Verkehrsstroms gewachsen waren. Stadtplanung wurde dabei zunehmend zu einem technisch-strategischen Ingenieurberuf. In Paris etwa löste man diese Aufgabe in fast diktatorischer Weise: Dort brach man nicht nur Schluchten in Form großer Avenuen zwischen den Bahnhöfen in die Stadt, sondern regelte auch die Verkehrsströme selbst – das Rechtsfahrgebot, getrennte Bereiche für Fußgänger und motorisierten Verkehr sowie Gleisbereiche für Straßenbahnen waren ganz neue Erfahrungen in der Stadt. Durch diese Hierarchisierung der Straße entstanden auch Ruhezonen vor den Häuserfronten, die zum Flanieren und zum Schaufensterbummel einluden.

„Die Metro ist eine Antwort der Technik auf eine soziale Frage."[3]

Die Urbanisierung führte in den Städten zu unerträglichen hygienischen Verhältnissen. Seuchen mit verheerenden Folgen brachen aus, in Hamburg wütete 1892 die Cholera. In überfüllten Altbauten ohne Wasser und Abwasser, ohne Licht und Luft vegetierten hier die Menschen, die als Arbeiter auf der unteren Stufe der sozialen Wertung lebten. Ihnen

Pferdeomnibus, um 1910

Zeichnung der Station „Baker Street" in London, um 1860

bessere Lebensbedingungen zu ermöglichen, erschien zunächst als ein kostspieliges soziales Projekt, sollte aber zu einem großen geschäftlichen Erfolg werden. Etwas später als der Fernverkehr wurde nämlich auch der öffentliche Nahverkehr in den Großstädten, der die Menschen schneller zu ihren Arbeitsplätzen bringen sollte, zu einem wesentlichen Faktor der Industrie.

Bereits 1860 hatte in London der Bau der „Metropolitan Line" begonnen. Mit ihr sollten Fernreisende zwischen den Kopfbahnhöfen wechseln können. Die Stadt wollte aber auch das Elend im Arbeiterviertel Fleet Valley beenden, indem sie der Unterschicht, die traditionell immer in unmittelbarer Nähe der Arbeitsplätze gewohnt hatte, mit der Anlage von Bahnlinien neue Möglichkeiten eröffnete. Entlang der Bahnlinien entstanden Miethäuser und Arbeiterwohnquartiere, und selbst in den potenziellen Erweiterungsbereichen der Bahnlinien begann ein spekulativer Wohnungsbau. Von den Endstationen in den neu gegründeten Vororten fuhren nunmehr frühe Arbeiterzüge mit verbilligten Fahrkarten ab, die fast vollständig ausgelastet waren. Diese Regionen wurden bald als „Metroland" bekannt, und erstmals wurden die wirtschaftlichen Dimensionen des urbanen Nahverkehrs sichtbar, die die Fantasien der Baulandspekulanten in allen Industrienationen beflügelten.

Auf der Berliner Gewerbeausstellung 1879 stellte Siemens die erste Elektrolokomotive vor, die über ein stromführendes Kabel versorgt wurde und einige Wägelchen mit Besuchern über das Ausstellungsgelände zog. Von einer Entlastung des Nahverkehrs konnte damals noch nicht die Rede sein. Bereits zwei

Jahre später aber stattete Siemens die Reichshauptstadt Berlin mit der weltweit ersten elektrischen Straßenbahn aus.

Auch in Glasgow begann man 1881 mit dem Bau einer Untergrundbahn, die die Vorstädte mit den Docks am River Clyde verband und damit den Arbeitern einen schnellen Arbeitsweg ermöglichte. Die Strecke war ringförmig, sodass die Bahn als Kabelbahn betrieben werden konnte; eine konstruktive Lösung, die bereits in den USA auf den oberirdischen Strecken in Chicago, Washington D.C. und San Francisco erprobt war: Rauchbelästigungen wie in den wenigen anderen frühen Untergrundbahnen waren hier ausgeschlossen. Die erste elektrische Untergrundbahn, die „City and South London Railway", wurde 1890 in der britischen Hauptstadt eröffnet. In Paris legte man als Vorbereitung auf die Weltausstellung im Jahr 1900 bereits ein ganzes Netz von sechs elektrischen Hoch- und Untergrundbahnen an. Die „Métropolitain" verlief als Ringlinie innerhalb der ehemaligen Stadtbefestigung und tangierte alle Kopfbahnhöfe der großen Bahnlinien. Die radialen Netzlinien orientierten sich ebenfalls an den Kopfbahnhöfen, sodass die Züge nahezu alle Stadtquartiere bedienten und zugleich den Fernreisenden den Transfer erleichterten.

Beim Bau der Berliner U-Bahn, die teils als Hochbahn, teils als Untergrundbahn angelegt wurde, engagierte sich die Firma Siemens & Halske im Konsortium mit der Deutschen Bank. Gemeinsam gründeten sie die „Gesellschaft für elektrische Hoch- und Untergrundbahnen in Berlin", kurz „Hochbahngesellschaft". Die Bauarbeiten begannen 1896, und im Jahr 1902 konnte der erste Abschnitt von der Warschauer Brücke über Potsdamer Platz und Zoologischer Garten bis zum jetzigen Ernst-Reuter-Platz eingeweiht werden.

Die zwischen 1904 und 1908 eröffneten Untergrundbahnen in New York waren innerhalb des Stadtzentrums hoffnungslos überfüllt, die Passagiere drängten sich darin wie Sardinen in der Dose. An einer Streckenverlängerung in bis dahin unbebaute Gebiete waren die privaten Betreiber nicht interessiert, weil sie sich davon keinen Gewinn erwarteten. Deshalb übernahm die Stadt New York den Betrieb und begann im April 1913 den größten Untergrundbahnbau der Welt. Dieser war notwendig geworden, weil im Stadtzentrum viel zu viele Menschen lebten, während drei Viertel des Stadtgebietes kaum bewohnt waren. Obwohl die Wege zwischen Wohnort und Arbeitsplatz

Station Hallesches Tor in Berlin mit Wappen und Flügelrädern, 1904

HOCHBAHN-Viadukt am Baumwall, 1913

nicht weit waren, verbrachten die Arbeiter ein Sechstel ihres Arbeitstages mit den notwendigen Arbeitswegen – es war unmöglich, die engen Straßen zu nutzen. In den überfüllten Blocks der Arbeiterviertel Manhattans – Lower East Side, Hell's Kitchen, East Harlem, South Bronx – drängten sich die Einwanderer; dort herrschten Seuchen wie Tuberkulose, von den Einwohnern „Captain of Death" genannt, Cholera, Typhus und Gelbfieber, sodass New York mit dem wenig schmeichelhaften Titel „Stadt der lebenden Toten" belegt wurde. Im Rahmen der Stadtsanierung auf der Basis des Erfolgsmodells von „Metroland" in London öffneten die Planer die bis dahin ungenutzten Stadtteile Bronx, Queens, Brooklyn und Staten Island binnen kurzer Zeit für die Bebauung mit Arbeiterwohnungen und kleineren Einzelhäusern.

Hamburg in den Top Ten der Metropolen

Mit Inbetriebnahme der Hoch- und Untergrundbahn im Jahr 1912 war Hamburg nach Berlin die zweite Stadt im Deutschen Kaiserreich, die eine Untergrundbahn hatte. Unter den Metropolen der Welt war sie die zehnte, die sich ein solch modernes Verkehrssystem erlaubte. Während aber viele der Vorgänger, beispielsweise Budapest oder Boston, nur einen Pendelverkehr hatten oder die Kopfbahnhöfe an der Peripherie der Altstädte vernetzten (etwa in Paris), besaß Hamburg ein Ringbahnsystem, das die Außenbereiche und die Innenstadt in gleichen Takten bediente; die Hamburger Ringlinie war außerdem weniger störanfällig als der Kabelbahn-Ring in Glasgow, weil jeder Zug einen Einzelantrieb hatte und nicht an einem 60 Tonnen schweren Zugseil hing, das von nur einer einzigen Dampfmaschine bewegt wurde.

1886 hatte die Königlich Preußische Eisenbahn-Verwaltung eine Fahrpreisermäßigung eingeführt – zunächst als Stadttarif für die Nutzung der Verbindungsbahn von Altona nach Hamburg, der 1906 als ermäßigter Regionaltarif auf die Vorortstrecken in die preußischen Nachbargemeinden ausgedehnt wurde. So war ein bedeutendes zusätzliches Verkehrsangebot entstanden, das von Angestellten und Beamten genutzt wurde: Sie pendelten zwischen ihren Wohnorten außerhalb der bebauten Stadt und dem Arbeitsplatz in der „City", die sich inzwischen durch Verdrängung der Wohnbevölkerung gebildet hatte. Waren es noch 1890 „nur" 50 000 innerstädtische Berufspendler gewesen – ganz überwiegend Arbeiter, die morgens und abends einen langen Arbeitsweg antraten –, so hatte sich deren Zahl im Jahr 1912 bereits auf 310 000 erhöht. Zwischen 1892 und 1904 war die Zahl der Fahrgäste allein in den hamburgischen Straßenbahnen – nicht gezählt wurden die Altonaischen, Harburger, Bergedorfer und Wandsbeker Bahnen – von 47 auf 121 Millionen jährlich gestiegen. Ähnliche Entwicklungen gab es im nicht schienengebundenen Straßenverkehr, der sich fortwährend wandelte: Aus der Pferdedroschke wurde die Motordroschke, aus der Kutsche wurde der Kraftwagen, aus dem Pferdebus der Autobus und aus der Pferdebahn die Idee des elektrischen Oberleitungsbusses. Wie aber bestritt der unterprivilegierte Arbeiter, der nicht einmal eine Fahrkarte für die Pferdebahn hatte kaufen können, den täglichen Weg zu seinem Arbeitsplatz? Immer noch war der Fußmarsch die einzige wirtschaftliche Möglichkeit für ihn, zur Arbeit zu gelangen. Das änderte sich erst mit Einführung der Ringlinie, die auch für Arbeiter erschwinglich war.

Erst im Jahr 1907 erklärte die Preußische Eisenbahn-Verwaltung Hamburg zum Versuchsfeld für die Anlage eines elektrischen Schnellbahnsystems. Sie verfügte damit über ein Prüffeld für elektrische Schnellbahnen als Stadt- und Vorortbahnen, das in seinen Dimensionen die notwendigen Einrichtungen für das extrem expandierende Ruhrgebiet abbildete. Fünf Jahre später wurde in der Hansestadt auch das städtische Schnellbahnsystem als Hoch- und Untergrundbahn eingeweiht. Die *Hamburger Nachrichten* lobten in ihrer Ausgabe vom 29. Januar 1912 insbesondere die Technik: *„Wir leben (...) in einer schnellen Zeit und nehmen besonders alles,* *was uns der Triumph der Technik verschafft, als etwas Selbstverständliches hin. (...) Und wir preisen uns glücklich, einem Geschlechte anzugehören, das die Träume unserer Voreltern in Wirklichkeit zu wandeln verstand."*

Zu Lande, zu Wasser und in der Luft: Technik sorgt für Fortschritt

Der Journalist Otto Julius Bierbaum propagierte 1903 das Auto als modernstes Verkehrsmittel und setzte sich damit bewusst von der Eisenbahn ab. Für ihn war der Weg das Ziel der Reise und nicht die planmäßige Ankunft am Zielort. Nur im Automobil könnten – wie im 18. Jahrhundert, der Hochzeit der ständischen Individual- und Bildungsreisen – die Landschaft, die Natur und das Gesamterlebnis, also auch die unangenehme Seite einer Reise, etwa Kälte, Nässe und Zugluft im offenen Automobil, wahrgenommen werden.

Bierbaum konstatierte allerdings im Deutschen Reich eine Ablehnung des Automobils, die zwar nicht so grundsätzlich war wie in der Schweiz, aber dennoch einen großen Gegensatz zu England und besonders zu Frankreich bildete, dessen Eliten mit Begeisterung Autos nutzten. Autos zu exportieren war angemessen – sie zu nutzen, wurde nicht gerne gesehen. Eines der ersten Autorennen in Deutschland, das Taunus-Rennen im Jahr 1903, musste deshalb unter der Schirmherrschaft des Kaisers Wilhelm II. stehen. An vielen späteren Rennen nahm Prinz Heinrich teil, um die Akzeptanz der Polizeibehörden in den betroffenen Kommunen zu erhöhen. So sehr die Deutschen auch an den technischen Fortschritt als Antwort auf Gegenwarts- und Zukunftsfragen glaubten – dem Auto traute damals kaum jemand eine Problemlösungskompetenz zu. Wesentliche Schritte der Automobil-Entwicklung fanden trotzdem in Deutschland statt: die Entwicklung der Motoren (Otto-Motor von Nikolaus Otto, 1876; Viertakt-Ottomotor von Wilhelm Maybach, 1883; Diesel-Motor von Rudolf Diesel, 1897) und der Magnetzündung durch Robert Bosch sowie die Vorführungen der ersten Benzinmotorfahrzeuge in Stuttgart und Mannheim 1886. Die Weiterentwicklung und gesellschaftliche Einführung vollzog sich jedoch in den USA und in Frankreich.

Seinen Drang nach Weltgeltung und die Hoffnung, doch noch einen „Platz an der Sonne" in Form lukrativer und strategisch wertvoller Kolonien zu erhalten, knüpfte Deutschland in der Wilhelminischen Ära besonders an die Schifffahrt. Deutsche Werften hatten noch zu

Linienschiff „Hessen" auf dem Kaiser-Wilhelm-Kanal, Postkarte um 1910

Beginn der 1890er-Jahre einen schlechten Ruf, und nur wenige der deutschen Reedereien orderten Neubauten im Lande. Mit dem Beginn der Flottenpolitik durch Admiral Tirpitz sollte sich dies ändern. Aus der kleinen preußischen Flotte, die im Krieg gegen Frankreich nicht einmal in der Lage gewesen war, die Küsten gegen französische Schlachtschiffe zu schützen, sollte binnen kurzer Zeit eine Flotte mit hohen Qualitäten auf See werden. Kaiser Wilhelm II. konnte sich dafür begeistern, malte selbst einige „Seestücke" und fühlte sich gar berufen, die Entwürfe der Marinewerften für Schlacht- und Linienschiffe nach den Ideen seiner Zeichnungen zu „korrigieren". In der zivilen Schifffahrt konnten die deutschen Reedereien zu Beginn des 20. Jahrhunderts zur Seemacht Großbritannien aufschließen. Von 1897 bis 1906 erhielten verschiedene deutsche Reedereien das „Blaue Band", eine Auszeichnung für die jeweils schnellste Überquerung des Atlantiks, die bis dahin nur britische oder amerikanische Schiffe erhalten hatten. Das Rennen wurde allerdings eingeschränkt, nachdem in der Nacht vom 14. auf den 15. April 1912 das größte und schnellste Passagierschiff der Welt, die „Titanic", nach der Kollision mit einem Eisberg gesunken war. Diese Katastrophe zerstörte für viele Jahre den Glauben an die Unfehlbarkeit von Ingenieuren und deren Technik.

Trotz wachsender Tonnage und Stückzahlen konnte die Kaiserliche Marine den Flotten der europäischen Nachbarn kaum folgen: Sie ignorierte die Umstellung von der Dampfmaschine auf die Dampfturbine und führte auch erst spät nickelveredelten Stahl für die Rumpfpanzerung ein. Gewissermaßen als Ausgleich

Karikatur aus dem „Simplicissimus" aus dem Jahr 1909: „Ganz Berlin hat Zeppelin gesehen – außer einigen Herren, die gerade die günstigsten Plätze hatten."

ging ab dem Ende des 19. Jahrhunderts der Stern der Kanonenfabrik von Friedrich Krupp auf, weil mit deren Geschützen immer weiter gefeuert werden konnte – in der Küstenartillerie bis zu 47 Kilometer weit. Die Bevölkerung war so begeistert, dass sie sogar Kleinkinder in martialische Matrosenanzüge steckte. Doch diese Begeisterung beruhte überwiegend auf Desinformation und der Überbewertung weniger Tatsachen. Denn sobald die Granate jenseits des Horizonts einschlug, war das Ergebnis nicht mehr zu sehen. Anders gesagt: Ohne die Erfindung des Seefunks zu Beginn des 20. Jahrhunderts für die Artilleriebeobachtung waren auch Krupps Kanonen wertlos.

Die Zeit der unbegrenzten Möglichkeiten | 45

Mit Beginn des 20. Jahrhunderts setzte auch die Eroberung des Luftmeeres ein. Wenigstens hier wollte Deutschland tatsächlich eine führende Rolle einnehmen, statt es nur zu behaupten. Bereits seit dem 18. Jahrhundert gab es flugfähige Heißluftballons, im 19. Jahrhundert kamen Fesselballons als Beobachtungsposition über den Heereslinien hinzu. Als im Jahr 1900 das erste Starrluftschiff LZ 1 „Graf Zeppelin" in Betrieb genommen wurde, war dies zwar keine große Neuerung, doch die Begeisterung der Deutschen kannte keine Grenzen, obwohl Luftschiff auf Luftschiff havarierte und Ferdinand Graf von Zeppelin sogar sein Vermögen verlor. Die Deutschen sammelten Spenden, damit er ein nächstes bauen konnte. Während Kaiser und Volk sich in der Begeisterung für das Hobby des württembergischen Grafen einig waren, konnten sich die Experten des Staates nicht mit den gewaltigen, langsamen und schwer zu manövrierenden Fluggeräten anfreunden. Zeppeline wurden einerseits zu unübersehbaren Symbolen des technischen Fortschritts, andererseits zu einem Muster ohne Wert. In der zivilen Luftfahrt konnten sie nicht gewinnbringend eingesetzt werden, sodass schließlich die Kaiserliche Marine, ohnehin bereits der Hort der Technik des Kaiserreichs, auch dieses Großgerät zugewiesen bekam und die Marinefliegerei gründete. Die Zeppeline dienten über dem Meer als Aufklärer oder als Relaisstation für den Funkverkehr und nahmen schließlich auch den Artilleriebeobachter an Bord, der per Funk die hinter den Horizont gefeuerten Fernschüsse leitete. Der Zeppelin konnte somit fehlende Fähigkeiten der Marine kompensieren – allerdings nur bei gutem Wetter, sogenanntem Kaiserwetter.

Albert Ballin, HAPAG-Direktor und Mitglied im HOCHBAHN-Aufsichtsrat

Mit dem Zeppelin und den verwandten Prall-Luftschiffen, sogenannten Blimps, die nach dem Prinzip „leichter als Luft" funktionierten, waren unabdingbar ein gewaltiges Verdrängungsvolumen und riesige Luftschiffhallen verbunden, sodass der Aufwand in ein völliges Missverhältnis zum Ertrag geriet. Dass auch Körper, die schwerer waren als Luft, mit Trag- und Gleitflügeln fliegen konnten, war den Menschen seit der Antike vertraut und konnte täglich in der Natur beobachtet werden. 1901 gelang in Bridgeport, USA, der erste ungesteuerte Motorflug mit einer Maschine von Gustav Whitehead, dem „Modell Nr. 21". Whitehead war zuvor als Gustav Weißkopf bei Otto Lilienthal in Berlin angestellt gewesen. 1902 startete er mit einem Folgemodell, das von einem selbst entwickelten Flugmotor getrieben wurde, zu einem ungesteuerten Flug über eine Distanz von sieben Meilen. Den Gebrüdern Wright gelang schließlich am 17. Dezember des folgenden Jahres der erste gesteuerte Motorflug. Innerhalb sehr kurzer Zeit wurden danach überall auf der Welt Flugmodelle mit unterschiedlichen Flügelentwürfen erprobt. Während des Ersten Weltkriegs ersetzte man erstmals die Flügelkonstruktionen aus Sperrholz und Leinwand durch Metall für eine schusssichere Bodenwanne, bevor mit den Ganzmetallflugzeugen von Junckers und

Flugmotoren von Maybach auch eine zivile und gewerbliche Luftfahrt begann. 1911 gründeten Albert Ballin, Direktor der HAPAG, und der Kaufmann und Reeder Edmund Siemers die Hamburger Luftschiff-Hallen GmbH. Bereits im Frühjahr 1912 wurde mit einem großen Fest die Halle in Langenhorn eingeweiht und damit auch die Aufnahme eines regelmäßigen zivilen Flugverkehrs gefeiert.

Luftschiff „Viktoria Luise" über der futuristischen Haltestelle Berliner Tor, Postkarte von 1909

Kommunikation: Mehr Reichweite durch neue Technik

Die Macht der Medien war im 19. Jahrhundert noch gering – nicht zuletzt deshalb, weil politisch brisante Themen immer noch systematisch aus der Presse herausgehalten wurden. Die meisten Zeitungen verstanden sich als staatstragend, Parteizeitungen wie das sozialdemokratische Blatt „Vorwärts" waren lange verboten oder galten im bürgerlichen Lager als unglaubwürdig. Obgleich es das Medium Zeitungen bereits seit Beginn des 17. Jahrhunderts gab, hatte es wenige technische Verbesserungen gegeben, die den Flaschenhals der Produktion, die Setzerei, hätten weiten können. Ab 1878 war es möglich, Fotos von den belichteten Platten mithilfe des Kupfertiefdrucks in Zeitungen zu reproduzieren. Daraus entwickelte sich das Verfahren des Druckers Meisenbach, mit dem auf Walzen mehrfarbige Bilder vervielfältigt werden konnten. Die Zeitung wandelte sich von einer „Bleiwüste", die nur geübte Leser ansprach, zu einem Medium, das politische Inhalte auch mit Bildern vermitteln konnte. Das Kaiserreich nutzte diese neue technische Möglichkeit nach Kräften und präsentierte täglich neue Bilder der Mächtigen. Kein deutscher Kaiser war so öffentlich wie Wilhelm II., und jeder seiner Untertanen konnte täglich vor dem Spiegel seine neueste schneidige Pose üben.

Telegrafenbüro, 1902

1884 erfand der Uhrmacher Ottmar Mergenthaler in Amerika den automatischen Bleisatz. Mit seiner Maschine, der „Linotype", konnten bis zu 7 000 Zeichen pro Stunde gesetzt werden, sodass die Aktualität der Zeitungen mit bis zu drei Auflagen pro Tag deutlich stieg. In der Folge wurden Zeitungen zu Hauptabnehmern von Telegrammleistungen: Sie standen im Dauerkontakt mit einer Vielzahl von Korrespondenten und Nachrichtenagenturen, von denen sie die Neuigkeiten und Meldungen kauften.

Telegraf, Drahttelefonie und drahtloser Funk entstanden in kurzer Folge mit stets neuen Verbesserungen. Wo noch wenige Jahre zuvor optische Winktelegrafen oder Meldereiter den Stand der Technik markiert hatten, hatten Kaufleute aus Bremen und Hamburg schon seit Mitte des 19. Jahrhunderts Telegrafenleitungen an die Mündungen der Weser und der Elbe verlegen lassen. So waren sie schneller über die Ankunft von Schiffen informiert und konnten deren Ladung verkaufen, noch bevor sie in die Häfen einliefen. Der preußische Staat wurde zu einem Hauptabnehmer von Telegrafenleitungen und apparativen Ausstattungen, weil die östlichen und die westlichen Staatsgebiete sehr weit auseinander lagen. Nur gelegentlich konnten diese Leitungen auch von Privatpersonen genutzt werden. Erst im November 1877 wurde unter dem preußischen Generalpostmeister Heinrich von Stephan in Berlin das erste Telegrafenamt für die Öffentlichkeit eingeweiht. Über dessen Leitungen wurden auch die ersten 1877 von Siemens mit magnetischen Gleichrichtern ausgestatteten Telefone verbunden, eine Weiterentwicklung des 1876 von Bell erfundenen Telefons. Mit diesem neuen Medium entstand auch ein neuer Arbeitsplatz für Frauen: der des „Fräuleins vom Amt". Nun konnten auch Frauen Beamte werden – typische Beamte der Wilhelminischen Ära waren männliche ehemalige Unteroffiziere gewesen, die jedoch wegen ihrer auf dem Kasernenhof erlernten „schneidigen" Aussprache am Telefon nicht zu verstehen waren. Ab 1909 gab es die ersten elektromagnetischen Selbstwähleinrichtungen in deutschen Fernmeldeämtern. Zunächst handelte es sich aber nur um Ortsnetzbereiche, so zum Beispiel in München-Schwabing für 2 500 Teilnehmer. Alle anderen Verbindungen stöpselten die sogenannten Fräulein vom Amt noch von Hand am Klappenschrank.

Telegraf um 1900

1893 gelang es erstmals, über eine Distanz von acht Kilometern drahtlos Telegramme zu versenden und zu empfangen. Dazu wurde in einer Induktionsschleife ein moduliertes Feld erzeugt, das in einer entfernten Schleife wiederum Strom erregte. Der eigentliche Sprechfunkverkehr begann 1894 mit den Experimenten von Marconi, der die von Hertz entdeckten elektromagnetischen Wellen verstärkte. Bereits 1897 konnten in Italien Funksignale über eine Distanz von 16 Kilometern von der Küste zu einem Kriegsschiff gesendet werden. Rundfunk als Unterhaltung war hingegen noch unbekannt, wenn auch der junge Funkoffizier Hans Bredow, der spätere Gründer des Deutschen Rundfunks, bereits mitten im Ersten Weltkrieg an der Westfront begann, auf eigene Initiative kurze Unterhaltungssendungen auszusenden. Ihm wurde die Fortsetzung verboten, aber andere Funker dies- und jenseits der Schützengräben nahmen diese Idee Bredows später auf.

Der Beginn der Unterhaltungsindustrie

Die Anfänge der Sprach- und Musikaufzeichnung waren noch mechanisch. Thomas A. Edison erfand 1877 den Phonographen, während er eigentlich für Alexander Bell nach einem geeigneten Mikrofon forschte. Mit einem einfachen Hebelwerk gravierte er die mechanischen Bewegungen des Schalltrichters im Mikrofon über einen Stahlstift auf eine Paraffinplatte. Ließ man die Stahlnadel erneut durch die so entstandene Rille laufen, fungierte das Trichtermikrofon als Lautsprecher. 1889 meldete Emil Berliner die Erfindung des Grammofons, eines elektrisch betriebenen Aufnahme-

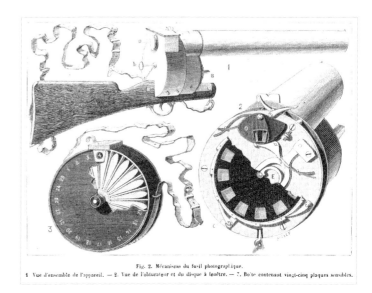

Zeichnung einer „chronophotographischen Kamera", um 1890

und Wiedergabegeräts, zum Patent an. Er nutzte Schallplatten aus Naturharzen oder Zink, die nach demselben Druckverfahren vervielfältigt wurden, das auch Zeitungen nutzen. Berliner gründete die „Deutsche Grammophon Gesellschaft" und verkaufte sowohl die Geräte als auch Platten. Das handbetriebene Grammofon, das wegen fehlenden Stromnetzes weit verbreitet war, hatte den Nachteil, dass die Musik zu leiern begann. 1896 stellte deshalb Eldridge Johnson das erste Grammofon mit einem kleinen Federmotor vor. Die Platten hatten inzwischen eine Aufnahmelänge von fast vier Minuten erreicht – anfangs waren es nur etwa anderthalb Minuten gewesen –, verloren aber mit jedem Abspielvorgang an Qualität. Die Schellackplatte, die Emil Berliner 1896 einführte, taugte dagegen nicht nur für Tausende Wiedergaben, sondern ließ sich, wenn

Thomas A. Edison, Erfinder der Glühbirne, um 1900

man größere Gewichte auf den Arm legte, auch erheblich lauter abspielen: Nun konnte das Grammofon die Salons verlassen und in Tanzsälen genutzt werden, die es um die Jahrhundertwende in jeder größeren Stadt gab.

Zeitgleich lernten Bilder laufen: Mithilfe von Serienfotografien gelang es 1883 erstmals, Bewegungsabläufe von Tieren zu fotografieren und auf eine Leinwand zu projizieren. Filme wie „Animal in Motion" dauerten zwar nur Sekunden, waren aber sehr beliebt und liefen auf allen Jahrmärkten und sogar in einigen Automatenlichtspielhäusern ohne Unterlass. Der Techniker Ottomar Anschütz nutzte das Stroboskop vor einer Kamera mit rotierender Platte, um Bewegungsabläufe zu fotografieren, die mit dem noch heute bekannten Flimmereffekt projiziert werden konnten. Zeitgleich erfand George Eastman Papierbänder mit fotografischer Beschichtung, die für Aufnahmen genutzt wurden. Die bis dahin beschränkte Menge an Aufnahmen erweiterte sich damit auf einige Hundert, sodass Filme von 20 bis 30 Sekunden Dauer entstanden. Eastman gründete wenig später die Kamerafabrik „Kodak", deren Fotoapparate nur für Rollfilme und Schnappschüsse gedacht waren. Nachdem Hannibal Goodwin 1887 den Rollfilm auf Zelluloid erfunden hatte, wurde 1890 auch die erste eigentliche Filmkamera, die „chronophotographische Kamera" von Etienne Jules Marey, patentiert. 1895 veranstalteten die Gebrüder Lumière in Paris die erste kommerzielle Filmvorführung in einem festen Gebäude. Dafür nutzten sie eine eigene Weiterentwicklung des Kinetoskopen, den Thomas A. Edison 1893 auf der Weltausstellung in Chicago vorgestellt hatte. Die Filme dieses neuen Geräts waren bei 46 Bildern pro Sekunde nicht über 15 Sekunden lang und liefen in einer Endlosschleife, die man durch ein Okular betrachtete. Schon nach wenigen Wochen hatten sich die Investitionen der Lumières rentiert, weil immer mehr Menschen Filme sehen wollten.

Auch in Hamburg waren ab Mai 1895 am Gänsemarkt an fünf Automaten Vorführungen mit dem Kinetoskop zu sehen. In Anlehnung an den Kurzfilm, wie ihn die Gebrüder Lumière in Paris eingeführt hatten, entstanden besonders in den USA Kabinenkinos, in die man eine 5-Cent-Münze, den „Nickel", einwarf. Der unvergleichliche Erfolg dieser „Nickel-Odeons" animierte Theater und Varietés, Filme in ihr Programm aufzunehmen, zumal nach und nach auch professionelle Regisseure und bekannte Bühnendarsteller für das neue Medium arbeiteten und dafür eine spezielle Mimik lernten, um Emotionen zu verdeutlichen, die im Sprechtheater einfacher zu vermitteln waren. Mit Beginn des Jahres 1896 wurde die Vorführung „Galerie lebender Bilder" auch in Hamburg im Hansa-Theater sowie gegenüber dem Conventgarten in der heutigen Kaiser-Wilhelm-Straße gezeigt. Auf der Reeperbahn eröffnete im April 1900 in einer Gaststätte „Eberhard Knopf's Konzert- und Automatenhaus". Im Jahre 1906 wurde es um ein Kinematografen-Theater mit 667 Plätzen erweitert. Die Filme waren nur 25 bis 30 Meter lang und handelten zum Beispiel von der Ankunft einer Eisenbahn, von einer Einschiffung oder von einem Wettrennen. In Hotels, Theatern und Tanzsälen wurden bald große Kinos wie das „Lichtspielhaus am Millerntorplatz" mit 1 250 Plätzen, Großleinwand, Orgel und einen Orchestergraben eingerichtet. Allein in der Hamburger Innenstadt gab es vor dem Ersten Weltkrieg fast 20 000 Kinoplätze.

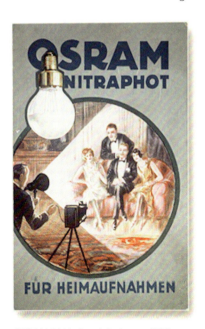

OSRAM-Werbeplakat, um 1910

Der Hamburger Spielbudenplatz Anfang des 20. Jahrhunderts

Es werde Licht!

Die Beleuchtung der Stadt, die Verlängerung des Tages in die Nacht, war eine der zentralen sozialen Herausforderungen des 19. Jahrhunderts, denen man mit der Technik begegnen konnte. Gegenüber dem schwankenden Licht einer rußenden, tranbefeuerten Dochtlampe war das Gaslicht, das etwa in der Mitte des 19. Jahrhunderts eingeführt wurde, eine bedeutende Verbesserung. Die Gaslaterne rußte zwar ebenfalls, hatte aber eine deutlich stärkere Leuchtwirkung, sodass bald nicht nur Straßen, öffentliche Gebäude und große Theater, Gaststätten oder Fabriken mit Gaslicht versorgt wurden, sondern auch in bürgerlichen Häusern die Salons am Abend hell erleuchtet waren. In den kleinbürgerlichen Wohnungen und Werkstätten gab es immerhin schon Petroleumleuchten anstelle der Tranfunzeln,

Ein Berliner Boulevard im Licht der ersten elektrischen Lampen, die die Gaslaternen überstrahlen, um 1880

die in den Kammern der Arbeiterfamilien qualmten. 1878 erfand Joseph Swan in England die erste elektrische Glühbirne: In ihrem luftleeren Inneren wurde eine verkohlte Bambusfaser durch Strom zum Leuchten gebracht. Kurz darauf nutzte Edison einen verkohlten Baumwollfaden für seine erste Glühbirne. Beide Erfinder gründeten Glühlampenfabriken, die aber bereits 1883 fusionierten und in der Deutschen Edison Gesellschaft, der späteren AEG, aufgingen. Die Glühbirnen wurden anfänglich noch mit Batterien betrieben. Der Wettbewerb mit den Gaslichtanbietern, die mit dem Auer-Glühstrumpf aus Thoriumnitrat ebenfalls ein sehr hell leuchtendes Glühmittel eingeführt hatten, konnte aber nur auf der Basis einer preiswerten Gleichstromversorgung Erfolg haben. 1881 wurde deshalb in England das erste Kraftwerk für die Gleichstromversorgung eingeweiht: Die Lederfabrik Pullman verkaufte überschüssige Energie aus dem Wasserkraftwerk an die benachbarte Stadt Goldmaning, die damit die Straßenbeleuchtung betrieb. In Hamburg brannten zum Ende des Jahres 1881 die ersten elektrischen Lampen, und wenig später wurde die Stadtwassermühle in der Poststraße als Kraftwerk eingerichtet. Die Edison Company errichtete 1882 in London, Berlin und New York Kraftwerke für Telefon- und Telegrafenämter sowie für Beleuchtungszwecke.

Durch einen immensen Werbeaufwand und eine konsequente Niedrigpreispolitik für Glühbirnen – der Verkauf deckte jahrelang nicht die Hälfte des Herstellungspreises – konnte die Edison-Gesellschaft die Verwendung von Strom und die Nutzung von elektrischem Licht so weit verbreiten, dass sich geschäftlicher Erfolg einstellte. Nachdem der Wolfram-Glühwendel erfunden und auch die Glasblasmaschine eingeführt worden war, bot die Deutsche Gasglühlicht-Anstalt unter dem Markenzeichen Osram ab 1906 ein langlebiges und preiswertes Leuchtmittel auch für die weniger vermögenden Haushalte an, sodass sich das elektrische Licht langsam durchsetzte. Der Name „Osram" setzte sich aus den Namen der Elemente Wolfram und Osmium zusammen, die für die Herstellung verwendet wurden.

Der elektrische Strom für die Beleuchtung konnte nur in der Nacht abgesetzt werden, sodass die Stromproduzenten dringend eine

Eröffnung des Warenhauses Gebr. Heilbuth in Hamburg-Barmbek, 1903

Konsum und Kaufhaus: Waren ins rechte Licht gerückt

Mit zunehmendem Verkehr auf den Straßen nahte das Ende des Marktplatzes, auf dem bisher Waren gehandelt wurden. Im anbrechenden Konsumzeitalter war der Markt nicht mehr zeitgemäß. Zudem wurden alle zentralen Plätze in den Städten und in deren Quartieren zu Kreuzungen des Straßenverkehrs umgewandelt. 1902 wurde zum ersten Mal ein Polizist dauerhaft für die Verkehrsregelung an der Kreuzung Friedrichstraße/Unter den Linden eingesetzt. Den regelmäßigen Markt ersetzten erste Einzelhandelsgeschäfte entlang der Straßenfront, zu denen sich als Neuerung alsbald auch das Kaufhaus gesellte. Vorbilder für kommerzielle Monumentalbauten waren insbesondere das 1876 eröffnete Kaufhaus „Au bon Marché" in Paris und die als Denkmal politischer Einigung 1877 eingeweihte Kaufhauspassage „Galleria Vittorio Emanuele II" in Mailand. Die

Nachfrage für die Tageszeit benötigten. Sie entstand einerseits durch die Einführung von Haushaltsmaschinen, die zuvor nicht bekannt gewesen oder nur mithilfe von Kleinwasserturbinen an der Hauswasserleitung angetrieben worden waren: Nach und nach erleichterten Bügeleisen, Herd, Backofen, Toaster sowie Waschmaschine, Kühlschrank, Staubsauger und andere Geräte die Hausarbeit – dafür wurden die bisherigen „Hausmädchen" in die Fabriken entlassen. Fabriken und Verkehrsbetriebe waren weitere Abnehmer des in der Tageszeit produzierten Stroms. 1885 eröffnete in Berlin das erste öffentliche Kraftwerk, und bereits 1891 wurde die erste Überlandleitung für hochgespannten Drehstrom zwischen dem Wasserkraftwerk Lauffen am Neckar und Frankfurt am Main errichtet.

Der „Crystal Palace" in London, 1851

Die Zeit der unbegrenzten Möglichkeiten | 53

Öffentliche Uhr in der Hamburger Haltestelle Hauptbahnhof, 1912

Die Verbindung von Verkehr und Kommerz, von Untergrundbahn und Kaufhaus, wurde zum Beispiel in Berlin deutlich, als sich das Kaufhaus Karstadt an der Finanzierung der Untergrundstation Hermannstraße beteiligte: Ein Eingang vom Bahnhof in die Einkaufswelt hatte seinen eigenen Wert. Auch die Haltestelle Mundsburg in Hamburg zeichnete sich nicht allein durch ihre Architektur aus, sondern auch dadurch, dass sie in direkter Nähe zum Kaufhaus Karstadt und dem Mundsburg-Kino lag. Damit diente sie nicht nur den Einwohnern Hohenfeldes, sondern auch den Konsumenten und Unterhaltungssuchenden.

Zeitmangel und Nervosität

Das System der Eisenbahnen und deren Fahrplan hatten bereits nach und nach eine Einrichtung von Zeitzonen und eine Anpassung der Zeitangaben erzwungen: Die Zeit galt jetzt nicht mehr ortsgebunden nach dem jeweiligen Sonnenhöchststand, sondern wurde zuerst 1880 für England und zur Jahrhundertwende auch für Großbritannien an der Greenwich Meantime als Einheitszeit verankert. Deutschland führte im Jahr 1893 die Standardzeit ein, um die Bahnsysteme der Bundesstaaten einander anzupassen.

Glaskuppeln der Passagen ließen viel Tageslicht herein, wie im britischen „Crystal Palace", der abends zudem von 2 000 Gaslaternen erleuchtet wurde. Im Kaufhaus gab es alles zu kaufen, was zuvor als Lebensmittel oder Kolonial- und Manufakturwaren gehandelt worden war; daneben aber auch alle Gegenstände, die nunmehr aus Konfektionsfabriken für Bekleidung, Schuhe etc. stammten. Die Schaufensterfronten der Einkaufs- und Prachtstraßen zogen die Menschen in die Stadt. Nächtliche Beleuchtung erhöhte den Reiz und das Einkaufserlebnis: Bei einem Schaufensterbummel konnten die Menschen ein ganzes Panorama der Warenwelt in sich aufnehmen. Die Ware wurde nicht mehr als Mittel zur Befriedigung eines unmittelbaren Bedürfnisses wahrgenommen – löchriger Schuh gegen neuen Schuh –, sondern als Bestandteil einer Warenwelt mit Sozialstatus: Allein war der Schuh ausdruckslos, der Käufer musste auch die Ausstattung, die das Kaufhaus je nach Saison und Mode dazu drapiert hatte, wahrnehmen und sollte sie möglichst auch erwerben.

Die Arbeit an Telefonen, Telegrammen und die damit verbundene schnellere Kommunikation, die auch ein schnelles Reagieren erforderte, beschleunigte das Leben in den Großstädten enorm. Immer mehr Menschen erkrankten an einem Zustand, den die Mediziner als „Nervosität" bezeichneten. Die Erhöhung der Betriebsgeschwindigkeit als Ziel und Folge des technischen Fortschritts führe zur Vorstellung, keine Zeit mehr zu haben, ständig zu spät zu kommen und den Ereignissen nicht mehr folgen zu können.

Am stärksten spürbar waren die komprimierte Zeit und die stetige Beschleunigung in der Großstadt: Arbeit, Vergnügungen, Theater, Kino, Straßenbahn, Untergrundbahn, alle gemeinsam in Zeitnot und gehetzt. Einen treffenden Ausdruck fanden die Großstadt und die sich darin entfaltende Gefühlskälte mit hochgradiger Individualisierung bei Georg Simmel in dem 1903 erschienenen Essay „Die Großstädte und ihr Geistesleben". Nach Simmel waren die Vielfalt der Wahrnehmungen und die Geschwindigkeit und Intensität, in der sich diese abwechselten, für das Gemüt ein sehr starker Gefährdungsherd, der erfolgreich nur über die dauerhafte Kontrolle durch das Hirn bewältigt werden konnte. Selbstkontrolle ohne Unterlass, ohne Momente des Sichhingebens, seien Ursachen von Gemütskrankheiten oder Nervositäten. Rationalität, Berechenbarkeit und Unterordnung in den vielfachen Momenten der Begegnung des Einzelnen mit anderen wurden zum Synonym für „Verkehr". Zugleich aber erlaube, so Simmel, die Großstadt ein bislang unbekanntes Ausmaß von persönlicher Freiheit ohne soziale und geistige Schranken, weil Anregungen von allen Seiten in einem stetigen Strom herangetragen würden, ohne dass es eigener Bemühungen bedürfe.

Indem sie die technischen Errungenschaften nutzten, lösten Massentransportmittel eigentlich die sozialen Probleme der Unterschicht, die sich durch Industrialisierung und Urbanisierung ergeben hatten, schrieb Willy Hellpach in seinem 1902 erschienenen Essay „Nervosität und Kultur". „Nervöse Leiden" wurden als eine Modekrankheit der angestammten Oberschicht zu einem Synonym für den Verlust gesellschaftlicher Positionen an neue Eliten mit

Großstadtverkehr am Hamburger Rödingsmarkt , 1913

technischer oder organisatorischer Bildung, wie sie besonders durch Unternehmer wie Werner von Siemens und Walter Rathenau oder den neuen Stand der bürgerlichen Marineoffiziere präsentiert wurden. Diese Entwicklung werde, so Helpach, nunmehr in einem Akt der Umwertung bisheriger Werte zur negativen Folie, von der sich das Individuum abheben müsse, um zu gesunden. Der Einzelne könne in der Masse nicht bestehen. Wege, dieser Sozialisierung zu entgehen, boten den Vermögenden technische Lösungen: das Fahrrad und das Automobil, die für einfache Arbeiter und Angestellte bis in die zwanziger Jahre unerschwinglich waren und daher den Sozialstatus unmittelbar anzeigen konnten. An Sonn- und Feiertagen dienten die als „kommunistisch" diffamierten Verkehrsmittel mit ihren Endhaltestellen als Ausgangspunkt für den Ausflug in die Landschaft. Daraus wurde bald eine Stadtflucht: die Wanderbewegung, Jugendbewegung, Heimatschutzbewegung, die Lebensreformbewegung und andere wandten sich, wie zuvor schon die Automobilisten, von der Stadt, von der Technik ab, um individuelle Werte zu erreichen.

Der Glaube an die Technik und an den technischen Fortschritt wurde von der widersprüchlichen Wahrnehmung der Technikfolgen in der Stadt gebrochen: Kulturpessimistische Bürgerliche und der alte Adel verneinten die Problemlösungskompetenz der Technik, sie beschworen den „Untergang des Abendlandes". Die Arbeiter hingegen sahen in der Technik überwiegend ein Hilfsmittel, mit dem sie ihre Situation im Alltag verbessern konnten. Noch zu Beginn des 19. Jahrhunderts waren massenhafte Proteste gegen die Einführung der Maschinen in ganz Europa zu registrieren, weil die Arbeiter die Maschinen und die dahinterstehende Technik als existenzielle Konkurrenz erlebten. Ab der Mitte des 19. Jahrhunderts ebbten diese Proteste jedoch ab und verschwanden mit dem Wirtschaftsboom zu Beginn der 1870er-Jahre vollständig. Die Arbeiter und die neu entstandene Schicht der Angestellten hatten sich mit der Technik arrangiert und betrachteten sie sowohl in der Fabrik als auch im Haushalt als Hilfe. Sie teilten diese Einschätzung mit den Gewerkschaften und den Sozialdemokraten. Da Kaiser Wilhelm II. sich auf der Grundlage sogenannter „staatssozialistischer" Gedanken als Sozialreformer verstand, sich auch in dieser Funktion darstellen konnte und ebenfalls von der Technik und deren Leistungen überzeugt war, gab es im Wilhelminischen Kaiserreich eine Allianz, die die Technik als persönlichen und überindividuellen Fortschritt empfand. Der zeitgenössische Konsens, dem sich allerdings die alten Eliten nicht anschließen konnten, lautete daher, dass technischer Fortschritt unmittelbaren Gewinn für die Gesellschaft brachte und in der Lage war, auftretende Schwierigkeiten und Widerstände zu überwinden. Die Fokussierung auf deutsche, auf „vaterländische" Technik führte allerdings dazu, dass die Menschen die Technik der europäischen Nachbarn gering schätzten – diese negative Haltung sollte sich erst im Ersten Weltkrieg ändern.

Haltestelle Kellinghusenstraße, 1913

1 Zitiert nach: Maria Osietzki: Weiblichkeitsallegorien der Elektrizität als „Wunschmaschinen".
   In: Technikgeschichte, Bd. 63 (1996) Nr. 1, S. 52.

2 Joachim Radkau: Technik in Deutschland. Vom ausgehenden 18. Jahrhundert bis zur
   Gegenwart, Frankfurt a. M. 1989, S. 139.

3 Konstantinos Chatzis: La pluie, le métro et l'Ingénieur, contribution à l'histoire de l'assainissement
   et des transports urbains (XIXe-XXe siècles), Paris 2000, S. 18.

Großbaustellen unter der Stadt
Wie U-Bahn-Tunnel entstehen – damals und heute

Dr. Jürgen Bönig

Für eine Großstadt wie Hamburg sind Tunnel unverzichtbar. Im Rahmen der Stadtentwicklung muss der Verkehr in den Ballungsgebieten der Innenstadt auf mehrere Ebenen verteilt werden, damit das Stadtleben nicht ins Stocken gerät. Aber Tunnelbau ist eine sehr aufwendige Arbeit, nicht nur deshalb, weil riesige Mengen Erdreich bewegt werden müssen. Er erfordert präzise Vorarbeit und exaktes Wissen über die Beschaffenheit des Bodens und mögliche Hindernisse. Das war vor 100 Jahren beim Bau der Ringlinie so und hat sich bis heute nicht verändert – ganz im Gegensatz zu der Technik, mit deren Hilfe die Tunnelbauarbeiter den Untergrund für den Personenverkehr erschließen.

Mönckebergstraße um 1912

Tunnelbau in Hamburg

Niemand baut ohne Not Tunnel. Das gilt für Hamburgs Untergrund ganz besonders, denn in der Hafenmetropole war und ist immer das Wasser zu berücksichtigen, das die Bauarbeiten bisweilen stark behindert: Es kann das Erdreich in Bewegung setzen, Baugruben fluten und sogar Gebäude absacken lassen. Die Not, die die Planer der Hamburger Hoch- und Untergrundbahn Anfang des 20. Jahrhunderts teilweise unter die Erde zwang, war der zunehmende Verkehr in der Stadt, als diese nach der Entscheidung für den Freihafen zur Metropole heranwuchs.

Dort, wo es möglich war, verlegten die Planer die Strecke oberhalb der Straßenebene. Auf Brücken, Viadukten und Dämmen abseits der Straßen sollte sich eine Ringlinie durch weite Teile Hamburgs bewegen, ohne mit dem Straßenverkehr auch nur in Berührung zu kommen. Im dicht bebauten Bereich der Innenstadt war dafür allerdings kein Platz: Dort musste es unter die Oberfläche gehen. Weil die Technik für unterirdische Bauarbeiten noch nicht ausgereift und die Risiken groß waren, wurden die Tunnelstrecken der alten Ringlinie, der heutigen U3, in offener Bauweise errichtet. Sie verlaufen deshalb größtenteils relativ dicht unter der Oberfläche: Nur zwei bis vier Meter liegen zwischen den Tunneldecken der ersten Bauperiode und der Straßenoberfläche – vom Bahnsteig der Haltestelle Mönckebergstraße bis hoch zur Spitalerstraße sind es nur 25 Treppenstufen. Weil die Tunneldecke nur den Verkehr und eine relativ dünne Deckschicht tragen musste, konnten die Tunnel kastenförmig gebaut werden. Für die Dauer der Bauzeit mussten sich die Verkehrsteilnehmer auf der Straße mit erheblichen Behinderungen abfinden. Nur an der Sternschanze, wo der Verkehr wegen der nahen Verbindungsbahn unbedingt weiterfließen musste, gingen die U-Bahn-Bauer zu dieser Zeit schon vollständig in den Untergrund.

Haltestelle Barkhof (heute Mönckebergstraße), 1912

Bau des Elbtunnels nahe den Landungsbrücken, um 1911

Daran, den Straßenverkehr erheblich einzuschränken, um eine U-Bahn zu bauen, war schon wenige Jahrzehnte später nicht mehr zu denken. Bei Streckenerweiterungen setzte die HOCHBAHN deshalb Bauweisen ein, bei denen der oberirdische Verkehr ungehindert weiterfließen konnte. Inzwischen konnte sie natürlich auch auf schweres Gerät und neuere Verfahren des Tunnelbaus zurückgreifen, die es beim Bau der Ringlinie noch nicht gegeben hatte oder die die Planer seinerzeit als zu gefährlich eingestuft hatten. Zu Letzteren gehörte das Schildvortriebsverfahren, das beim Bau des Alten Elbtunnels eingesetzt worden war.

Ein frühes Vorbild: der Alte Elbtunnel

Der im Jahr 1911 fertiggestellte St.-Pauli-Elbtunnel war – und ist vielleicht bis heute – das kühnste Tunnelbauprojekt in Hamburg. Er entstand, nachdem die Stadt ab 1880 grundlegend umgebaut worden war, um weiteres Wachstum zu ermöglichen. Im Bereich des Hafens waren mit der Speicherstadt und später auch dem Kontorhausviertel bedeutende Anlagen für die aufstrebende Handelsmetropole Hamburg entstanden. Diesem Bauprojekt waren die inneren Wohngebiete zum Opfer gefallen, und neue Wohnungen wurden in Teilen Hamburgs gebaut, die weiter vom Hafen entfernt lagen. Die Leidtragenden dieser Entwicklung waren die Arbeiter: Jeden Morgen mussten sie, in der Regel zu Fuß, weite Wege zurücklegen, um zu ihren Arbeitsplätzen zu gelangen. Besonders schwer traf es die Werftarbeiter, die jeden Tag auf die andere Elbseite gelangen mussten. So monierte denn auch der Werfteigner Hermann Blohm, dass seine Arbeiter und Beamten nicht sicher, pünktlich und bei jeder Witterung über die Elbe kommen könnten. Für sie brachte die Eröffnung des Elbtunnels im September 1911 eine deutliche Erleichterung: Aus den Wohngebieten erreichten sie zu Fuß, mit dem Fahrrad, der Straßenbahn und ab 1912 auch mit der neuen Hoch- und Untergrundbahn die Landungsbrücken. Der mehr als 400 Meter lange Tunnel unter der Elbe war von dort aus mit Fahrstühlen zu erreichen und brachte die Arbeiter auch bei Sturm und Eisgang sicher auf die andere Seite der Elbe zu ihren Arbeitsplätzen.

Einen Tunnel unter der Elbe hindurch zu bauen – das war für die damalige Zeit eine sensationelle Neuerung. Die Erbauer des Elbtunnels arbeiteten mit einer neuen Methode, die der in England lebende französische Ingenieur Marc Isambard Brunel (1769–1849) erfunden und zum Patent angemeldet hatte: dem Schildvortrieb. Zum Bau der zwei horizontalen Tunnelröhren benutzten sie einen Vortriebsschild, der durch zwei horizontale Bühnen und zwei vertikale Stahlplatten in neun Segmente unterteilt war. Vorne, an der sogenannten Ortsbrust, schaufelten die Arbeiter das Erdreich heraus und schafften es auf Loren aus der Baugrube. Als Schutz an der Ortsbrust diente eine Bohlenwand, deren Teile mithilfe von Stützen ständig verändert und neu gesichert wurden. Dann kamen die Tübbinge zum Einsatz: Kreissegmente aus Stahl, die vor Ort zuerst verschraubt und dann vernietet wurden und so die ringförmige Tunnelwand bildeten. Um zu verhindern, dass später Wasser eindrang, verstemmte man zusätzlich die Fugen mit Blei.

Solange sich die Röhre noch im Bau befand, musste sie, ebenso wie die vordere Ortsbrust, gegen das eindringende Wasser des Elbgrundes geschützt werden. Dies geschah mithilfe von Druckluft. Das Schachtgebäude für die Fahrkörbe auf der Steinwerder Seite entstand als Senkkasten, auch „Caisson" genannt:

Aushub des Elbtunnels auf der Steinwerder Seite, um 1910

Beim Bau der KellJung-Linie freigelegter Findling, 1928

Arthur Bornstein und seine Frau Adele, ebenfalls Ärztin, stellten eine Ordnung für die Pressluftarbeiter auf: Wenn Symptome wie Gelenk- oder Kopfschmerzen auftraten, brachten sie die Betroffenen in eine besondere Sanitätsschleuse, die ebenfalls unter Druck stand, und schleusten sie sehr langsam aus. So sorgten sie dafür, dass sich die Zahl der Opfer der Taucherkrankheit zumindest in Grenzen hielt: Von 4 400 untersuchten Arbeitern und Beamten erkrankten „nur" knapp 700; drei von ihnen starben, weil sie nach dem Auftreten der Symptome nicht die Behandlungsschleuse aufgesucht hatten.

Auf Sicherheit bedacht – offene Bauweise

Auch wenn es nicht direkt unter einem Fluss hindurchgehen soll, stellt Hamburgs Untergrund seit jeher hohe Ansprüche an Tunnelbauer. Das gilt besonders in der Innenstadt: Am Zusammenfluss von Alster und Elbe haben vor langer Zeit die Gletscher viel Material als massigen, unregelmäßigen Geschiebemergel abgelegt, die Abschmelzwässer Sand herangetragen und der Wind Staub angehäuft. Auf ihren Rückzügen hinterließen die Gletscher außerdem verstreut große Steine, die Findlinge. Zusammen mit dem ohnehin wasserreichen Untergrund entstanden so Bodenverhältnisse, bei denen die verschiedenen Schichten regelmäßig gemischt auftreten und die auch heute noch selbst den kühnsten und erfahrensten Planern die Schweißperlen auf die Stirn treiben.

ein oben geschlossener, zylindrischer Behälter, an dessen Boden der Untergrund abgebaut wurde. Der Luftdruck im Inneren entsprach der darüber stehenden Wassersäule, die am Ende bis zu 26 Meter hoch war. Für die Arbeiter ein riskantes Unterfangen, denn bei längerem Aufenthalt in dieser Tiefe und bei einem Druck von 2,5 bar traten häufig Symptome der sogenannten Taucherkrankheit auf, die deshalb auch „Caisson-Krankheit" genannt wird: Die in den Körperflüssigkeiten und Geweben bei Druck gelösten Gase, hauptsächlich Stickstoff, verwandeln sich bei Druckabfall wieder in Gasblasen, die zu Embolien führen und damit lebensbedrohlich sein können. Um dies zu verhindern, musste der Druck nach längerem Aufenthalt im Caisson langsam gesenkt werden, sodass die Arbeiter die Gasblasen abatmen konnten. Ein Todesfall und Beschwerden der Arbeiter veranlassten den Senat, einen unabhängigen Überwachungsarzt einzusetzen, um deren Gesundheitszustand sowie die langsame Ausschleusung zu überwachen.

Obwohl die Elbtunnelbauer fast zeitgleich mit dem Baubeginn für die Ringlinie bewiesen, dass auch der rein unterirdische Tunnelbau in

Tunnelbaugrube hinter der Börse, 1907

wasserführenden Erdschichten möglich war, erschienen den Planern der Hoch- und Untergrundbahn Kosten und Risiken dieser Bauweise zu hoch. Sie beschlossen, die Ringlinie so weit wie möglich oberirdisch zu bauen.

In Berlin hatte bereits zwischen 1896 und 1902 die „Gesellschaft für den Betrieb von Untergrundbahnen" eine zweite Ebene des Personenverkehrs entstehen lassen. In Hamburg bewegten sich die elektrischen Bahnen zum größten Teil über der Stadt, auf Viadukten und Dämmen, die Straßen und Eisenbahngleise kreuzungsfrei überquerten oder unterfuhren und so von den frühen „Staus" des Gewerbeverkehrs in der Innenstadt unabhängig machten.

Die Ringlinie und ihre bereits geplanten Erweiterungen sollten insgesamt knapp 28 Kilometer umfassen. Sie wurden auf fast 14 Kilometern auf Erddämmen und in Einschnitten gebaut, drei Kilometer verliefen auf eisernen und eineinhalb Kilometer auf steinernen Viadukten. Es gab 58 Straßenunterführungen und Brücken von mehr als zwei Kilometern Gesamtlänge. Gerade einmal ein Viertel der Gesamtstrecke – nämlich nur knapp sieben Kilometer – verlief durch Tunnel. Konsequenterweise nannten die Konzessionsnehmer für Hamburg, Siemens & Halske und AEG, die am 27. Mai 1911 gegründete Gesellschaft für den Betrieb des neuen Verkehrsmittels in der Hafenmetropole denn auch „Hamburger *Hochbahn* Aktiengesellschaft".

Dort, wo Tunnelstrecken unvermeidbar waren, sollten diese so nah unter der Oberfläche liegen, dass sie in offener Bauweise errichtet werden konnten: Die Bautrupps rissen die Straßen auf und gruben sich direkt von der Oberfläche in den Untergrund hinein. Bei dieser Bauweise mussten die Ingenieure zahlreiche Unwägbarkeiten in die Planung einbeziehen: So galt es beispielsweise, die Gebäudefundamente zu berücksichtigen, die ebenfalls auf dieser Ebene lagen und natürlich nicht beschädigt werden durften, etwa wenn es beim Abpumpen des Grundwassers zu Sackungen kam. Deshalb führten sie die Linien möglichst auf offenem Gelände, entlang vorhandener Straßen oder in Abstimmung mit dem bereits geplanten Stadtumbau. So war bei der Planung der Mönckebergstraße im Jahr 1901 bereits ein U-Bahn-Tunnel unterhalb der Straße vorgesehen, sodass Tunnel und Straße gemeinsam gebaut werden konnten. Dort, wo diese Zusammenlegung von Straßen- und Tunnelbau nicht möglich war, entstanden teils große Verkehrsbehinderungen – ein Umstand, den die Planer in Kauf nahmen.

Doch die Fundamente waren nicht das einzige Hindernis bei den Planungen. Die Tunnel, Rohre und Leitungen des Kanalisationssystems, das Hamburg nach dem Großen Brand von 1842 erhalten hatte, verliefen ebenfalls unter den Straßen in der Zone, in der die Tunnel für die U-Bahn entstehen sollten – oben die Wasserleitungen und darunter Abwasserrohre. Bis in die sechziger Jahre hinein bestand ein großer Teil der Vorbereitungen für offene Tunnelbauarbeiten grundsätzlich darin, Wasser-, Abwasser-, Gas- und Stromleitungen zu sichern oder zu verlegen.

Um allzu starke Steigungen zu vermeiden, die bei der Auffahrt viel Energie verbraucht hätten, wurde die Ringstrecke der U-Bahn durch den nördlichen Geesthang auf möglichst gleichbleibendem Niveau gebaut: Mit einem kleinen Tageslicht-Intermezzo an der Feldstraße ging es in Tunneln vom Schlump bis zu den Landungsbrücken. Diese Streckenführung milderte den Höhenunterschied zwischen Schanzenpark und Hafen ab. Die Erde aus den Tunneln wurde teilweise verwendet, um die Bahndämme aufzuschütten. Am Hafentor (später Landungsbrücken) erreichten die Fahrzeuge wieder das Tageslicht und fuhren aus dem Tunnel im nördlichen Geesthang direkt auf das bis heute wohl am häufigsten fotografierte HOCHBAHN-Bauwerk: das Viadukt am Baumwall. An der Hafenpromenade entlang ging es mit spektakulärer Aussicht bis zum Rödings-

Tunnelportal an der Seewartenstraße, 1912

Großbaustellen unter der Stadt | 65

markt, bevor die Züge über den steilsten Abschnitt der Ringlinie beim Fleet unter der Börse wieder im Tunnel verschwanden. Bis zum Berliner Tor verlief die Strecke unter der Erde, danach erblickten die Fahrgäste einige Male kurz das Tageslicht, bevor es zwischen Lübecker Straße und Uhlandstraße wieder auf ein Viadukt ging und die Strecke bis zum Schlump oberirdisch verlief. Diese Streckenführung der Ringlinie ist bis heute unverändert.

Erst mit den Streckenerweiterungen wie der KellJung-Linie in den zwanziger Jahren und später mit der direkten Verbindung zwischen Innenstadt und Schlump wagten sich die Planer – ausgestattet mit schwererem Gerät und dem Wissen um neuere Bauverfahren – in größere Tiefen vor.

Start mit leichtem Gerät

Beim Bau der Ringlinie, der mit dem ersten Spatenstich am 7. Oktober 1906 in Hohenfelde begann, war die reine Körperkraft der Arbeiter das wichtigste Gut. Sie hoben das Erdreich in den Tunnelstrecken und zwischen den Dämmen noch weitgehend von Hand aus, nur einige mechanisierte Bagger und Hebewerkzeuge erleichterten die Arbeit hier und da ein wenig. Den Bodenaushub schafften die Arbeiter mit Loren zu den Baggern, die das Material auf eine kleine Transportbahn hoben. An der Haltestelle Hafentor (heute Landungsbrücken) wurde die Erde am Ende der Tunnelstrecke in Schuten abgekippt.

Die Bauweise mit Eisenprofilträgern hatte sich bereits in Berlin beim Bau der dortigen U-Bahn bewährt. Sie kam nun auch in Hamburg zum Einsatz: Eingerammte Doppel-T-Träger mit eingelegten Bohlen bildeten die Wände der Baugrube, zwischen denen die Arbeiter den Tunnel aushoben. Den enormen Druck, den das umliegende Erdreich und die Gebäude auf diese Wände ausübten, leiteten schräg gestellte hölzerne Balken von den Eisenträgern in die Sohle der Baugrube ab. Hölzerne und stählerne Querträger, sogenannte Steifen, stützten außerdem die Wände der Baugrube gegeneinander ab. Vor diesen Wänden zogen die Bauarbeiter die eigentlichen Tunnelwände hoch: als Stampfbetonwand zwischen Eisenträgern, die mit den Eisenträgern der Decke und der betonierten Sohle einen Kasten bildeten und in der Mitte von genieteten Eisenstützen abgefangen wurden. Neben den Kappendecken, die zwischen Eisenträgern eingespannt waren, gab es in einzelnen

Transport von Aushub per Lorenbahn beim Hafentor, 1909

Tunnelbaustelle in der Großen Johannisstraße neben der Börse, 1908

Streckenabschnitten aus Beton geformte Gewölbedecken, deren Überdeckungen aufgrund ihrer Konstruktion schwerer waren.

Die Bauarbeiten blieben nicht ohne Folgen für die Umgebung. Schließlich galt es, das Wasser aus den Baugruben fernzuhalten, die Tunnelwände und Mittelstützen sicher im Untergrund zu verankern und das gesamte Tunnelbauwerk von außen mit Asphalt gegen Wasser abzudichten. Wenn dafür das Grundwasser abgepumpt werden musste oder die Baugruben den Fundamenten sehr nahe kamen, konnte es durchaus passieren, dass Gebäude absackten. Im Fall der Börse entschlossen sich die Planer, diese Gefahr von vornherein auszuschalten: Ein Teil des Börsengebäudes wurde abgetragen und erst wieder aufgebaut, als der U-Bahn-Tunnel fertig war.

Jahrelang lebten die Hamburger damit, dass die Bauarbeiten den Verkehr behinderten. Er musste über Behelfsbrücken umgeleitet wer-

Archäologische Fundstücke vom Bau der KellJung-Linie, 1931

Großbaustellen unter der Stadt | 67

Tunnelbaustelle am Rathaus, 1908

den, und die Rammstöße für die Eisenpfähle erschütterten die Häuser. Erdmassen verdreckten die Straßen. Der Hamburger Correspondent fand für diesen quälenden Zustand 1912 ein eher poetisches Bild: „*In gewaltiger Anspannung legt sich der gleißende Leib der Hochbahnschienen über Hamburgs Straßen und Wasser, drängt sich hinunter mit wühlenden Kräften in der Erde Dunkelheit, ausgestreckt zu fossiler Größe wie ein Nachkomme der Midgardschlange.*"

Dort allerdings, wo nicht oberirdisch gebaut werden konnte und die offene Tunnelbauweise nicht infrage kam, weil auf der gleichen Ebene bereits andere Verkehrswege verliefen, hatten die Ingenieure keine andere Wahl. Die Untertunnelung der Verbindungsbahn beim Stephansplatz für die KellJung-Linie 1928 musste deshalb bergmännisch erfolgen: Unter dem Schutz hölzerner Stützen und Abzimmerungen gruben sich die Mineure durch die Erde. Die neu entstandenen Tunnelabschnitte wurden durch ein Gewölbemauerwerk abgestützt.

Besonders im Bereich der Innenstadt förderten die Erdarbeiten zahlreiche Spuren der Vergangenheit zutage: Die Arbeiter entdeckten Mauern von Sielen und Fundamenten, Knochenreste von Friedhöfen, hölzerne Rammpfähle von Häusern, Brücken und Schleusen, Überreste einer Töpferwerkstatt und vieles mehr.

Unterstützung durch Technik

Während beim Bau der Ringlinie die Arbeiter fast ausschließlich mit reiner Körperkraft Tunnel ausgeschachtet hatten, kamen 20 Jahre später bereits systematisch Maschinen zum Einsatz: Im Mai 1926 begannen die Arbeiten für die KellJung-Linie, die Strecke zwischen Kellinghusenstraße und Jungfernstieg. Nun liefen Greifbagger auf Schienen über der Baugrube, lösten die Erde und hoben sie auf eine Förderbandanlage. Diese kippte sie in Lorenzüge mit Elektroloks, die auf Straßenbahngleisen fuhren. Eisenträger standen in größeren Längen und anderen Profilen zur Verfügung, Betonschütten und -mischer ersetzten einen Großteil der Handarbeit, sodass die Bauarbeiten zügig vorangingen. Mit dieser neuen Vorgehensweise konnte selbst die schwierige Strecke durch die Colonnaden, die dicht an den Häusern zwischen Esplanade

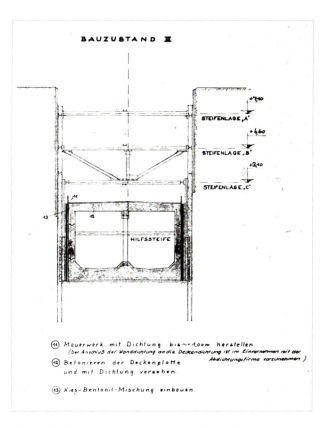

Tunnelbau-Zeichnung zur Wandsbeker Linie, 1960

und Großer Theaterstraße vorbeigeführt werden musste, erheblich schneller fertiggestellt werden, als dies vorher denkbar gewesen wäre: Nach nur achteinhalb Wochen waren die Arbeiten abgeschlossen.

Die KellJung-Linie durchschnitt die Ringlinie im Radius und verkürzte den Weg in die Innenstadt. Der gefährlichste Teil der Bauarbeiten waren die Abschnitte am Jungfernstieg, unter der Alster und besonders unter der Reesendammbrücke. Hier konnte der Vortrieb in den unregelmäßigen Bodenschichten mit eingelagerten Kiesen und Findlingen Verschiebungen und Wassereinbrüche auslösen. Tatsächlich gab es einen Todesfall zu beklagen:

Greifbagger am Dammtor, 1928

Der Bauarbeiter Otto Liss starb am 17. November 1932, nachdem ihm ein Steinbrocken auf den Rücken gefallen war. An ihn erinnert noch heute eine Gedenktafel auf dem Bahnsteig der U1 in der Haltestelle Jungfernstieg. Dort findet sich auch die Holzskulptur der „sieben Jungfern", die ein Bildhauer aus einem alten Pfahl der Schleuse schnitzte.

Nach dem Krieg und dem ersten Wiederaufbau der U-Bahn ging die Baubehörde um etwa vier Meter tiefer: Auf den neuen Strecken sollten zwischen Straßendecke und U-Bahn-Tunnel noch Fußgängertunnel passen, damit die Menschen die Straße unterqueren konnten. Um gleichzeitig Behinderungen des immer weiter anwachsenden Verkehrs durch die Arbeiten an den U-Bahn-Tunneln künftig gering zu halten, passte die Baubehörde Hamburg die „Berliner Bauweise" an die Bodenverhältnisse in der Hansestadt an und entwickelte sie zur „Hamburger Bauweise" fort: Um das

Arbeiter im Schild an der Ortsbrust, 1966

Schild vor dem Einsatz, 1966

Wasser in größerer Tiefe zuverlässig von der Baustelle fernzuhalten, ließen die Ingenieure zwischen der Baugrubenwand und der Tunnelaußenwand einen Gang mit 80 Zentimetern Arbeitsbreite frei, von dem aus die Tunnelwand durch einen Anstrich zuverlässig gegen das eindringende Wasser abgedichtet werden konnte. Sie verzichteten auf den Mittelträger zwischen beiden Gleisen und konnten damit eine rollende Schalung für die gesamte Tunnelbreite nutzen – nach dem Abbinden des Betons wurde diese einfach in den nächsten Tunnelabschnitt weitergeschoben. Für Fußgänger und Autos baute man Brücken über der Baugrube oder provisorische Tunneldecken, über die der Verkehr fließen konnte, während unten der Tunnel weiter ausgebaut wurde.

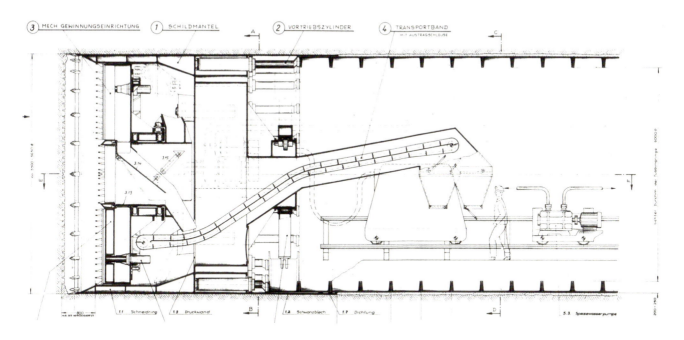

Schematische Darstellung einer Schildvortriebsmaschine, 1965

Unter Druck gegen das Wasser

Bei tieferen Strecken in bereits bebautem Gelände waren die Planer gezwungen, von der offenen Bauweise abzurücken. In diesen Fällen setzten sie den Schildvortrieb ein; war der Untergrund wasserreich, arbeiteten sie zusätzlich mit Druckluft. Die erste Strecke in der Geschichte des deutschen U-Bahn-Baus, die im Schildvortrieb ausgebracht wurde, war ab 1959 die Fortführung der KellJung-Linie über Jungfernstieg hinaus bis Meßberg und Steinstraße und später bis Wandsbek-Gartenstadt. Für die 270 Meter unter den Bahngleisen des Hauptbahnhofs wurde der rechteckige Tunnelquerschnitt in zwei kreisrunde Tunnelröhren aufgelöst. Um die Bahngleise am Hauptbahnhof unterqueren zu können, gruben sich die

Mit Gusseisen-Tübbingen ausgekleideter Tunnel unter dem Hauptbahnhof, 1966

Großbaustellen unter der Stadt

Die Röhren der Haltestelle Messehallen wurden ebenfalls im Schildvortrieb gebaut, 1970

Arbeiter in einem stählernen Schild mit einem Durchmesser von 6,4 Metern voran. Hydraulische Pressen drückten diesen Schild von einem 20 Meter tiefen Startschacht horizontal in die Erde, während über der Baustelle der Bahnbetrieb ungestört weiterging. Der entstandene Tunnel wurde mit 35 Zentimeter dicken und 90 Zentimeter breiten Stahlbetonringen abgestützt, die aus fünf einzelnen Tübbingen zusammengesetzt waren. Mit Unterstützung eines Versetzarms der Verlegevorrichtung platzierten sie die Tübbinge in der Tunnelröhre. Die Strecke vom Jungfernstieg bis nach Wandsbek-Gartenstadt ging 1963 in Betrieb.

Nach Gründung des Hamburger Verkehrsverbundes im Jahr 1965 wurde beim Bau des Streckenabschnitts zwischen Berliner Tor und Hauptbahnhof ab 1966 erstmals in Deutschland eine Tunnelbohrmaschine eingesetzt. Ähnliche Maschinen fanden später auch auf den anderen Streckenabschnitten der U-Bahn zwischen Hauptbahnhof und Schlump in der dicht bebauten Innenstadt Verwendung. In den tiefen, wasserreichen Schichten griffen die Ingenieure auf die Bautechnik des Alten Elbtunnels zurück – allerdings mit deutlich weiter entwickelter technischer Ausstattung und mehr Erfahrung: Anstelle der Arbeiter mit der Schaufel trug jetzt der von dem Maschinenbauingenieur Franz Bade und der technischen Abteilung des Bauunternehmens Philipp Holzmann AG konstruierte Bade-Holzmann-Schild in pendelnder Bewegung das vor den Tunnelbauern liegende Erdreich ab. Elektrokarren nahmen das Material auf, das dann an die

Oberfläche gehoben und auf Lastwagen fortgeschafft wurde. Zwischen Abbauort und Oberfläche mussten Material und Menschen allerdings wiederum Schleusen passieren, um in den Bereich des erhöhten Luftdrucks hinein- und wieder aus ihm herauszugelangen. Die Druckluft hielt das Wasser aus dem neu gegrabenen Tunnelabschnitt fern und trocknete die Erde so, dass sie abgetragen werden konnte. Hinter dem Schild wurden Tübbinge aus Gusseisen eingepasst. Auf die entstehende Röhre stemmte sich mit hydraulischen Stempeln der Schild. Vor allem über den durchlässigen Baugrund vor der Ortsbrust entwich sehr viel Druckluft, sodass die Ingenieure große Mühe hatten, das Druckluftniveau zu halten.

Hinter dem Vortriebsschild arbeitete eine im Vergleich zum Bau des Alten Elbtunnels kleine Mannschaft auf einer Strecke von 300 bis 400

Tunnelbohrer V.E.R.A., 2011

Metern. Mediziner kannten sich inzwischen deutlich besser mit der Taucherkrankheit aus und hatten bessere Gegenmaßnahmen und Verhaltensvorschriften entwickelt, um Erkrankungen zu verhindern. Akribisch überwachten sie den Gesundheitszustand der Arbeiter. Sobald einer von ihnen über Glieder- oder Gelenkschmerzen klagte, wurde er in die Druckkammer zurückbeordert und langsam aus der Baustelle ausgeschleust.

Von 1969 bis 1975 verwandelten sich Jungfernstieg und Binnenalster in eine Großbaustelle. Die Haltestelle Jungfernstieg wurde zu einem riesigen Knotenpunkt des öffentlichen Nahverkehrs ausgebaut: Bei laufendem Verkehr wurden die Linien von U- und S-Bahn durch Umsteigemöglichkeiten verknüpft. Diese

Ausbauarbeiten im U4-Tunnel

neuen Bereiche entstanden, gesichert durch Spundwände, in offener Bauweise. Die Haltestelle Jungfernstieg wurde 1973 als fünfgeschossige Anlage wiedereröffnet. Die Strecke zwischen Schlump und Jungfernstieg ist die am tiefsten liegende Hamburger U-Bahn-Linie: Die Haltestelle Messehallen liegt 20 Meter unter der Straße, am Jungfernstieg sind es 16 Meter. Die Tunnelwände auf diesem Abschnitt sind mit geschraubten Gusseisen-Tübbingen ausgekleidet.

T.R.U.D.E. und V.E.R.A.

Auch wenn bei der Arbeit mit einer Tunnelbohrmaschine unter Druckluft schon deutlich weniger Menschen auf der Baustelle arbeiteten als beim Bau des Alten Elbtunnels, so waren doch noch etwa acht bis zehn Arbeiter pro Schicht erforderlich, deren Gesundheit durch die Druckluft belastet wurde. Dies änderte sich erst mit dem Einsatz von sogenannten Hydro- oder Mixschilden. Hier trägt der Schild mit seinen „Zähnen" aus Hartmetall das vor ihm liegende Material ab. Mithilfe einer Stützflüssigkeit wird die Ortsbrust stabilisiert und Wasser ferngehalten. Die Maschine zerlegt das abgetragene Erdreich mit einem Steinbrecher in kleine Teile, pumpt es zusammen mit der Flüssigkeit ab und kleidet gleichzeitig die Tunnelwände mit Beton-Tübbingen aus, deren Fugen mit Neoprenbändern abgedichtet sind. Diese Konstruktionen sind im Gegensatz zu den Gusseisen-Tübbingen der sechziger Jahre, deren Fugen erst schrittweise abgedichtet wurden, sofort dicht. Nur im Arbeitsraum direkt hinter dem Schneidraum sorgt eine Stützflüssigkeit, die von einem Luftpolster unter Druck gehalten wird, dafür, dass der Boden nicht unkontrolliert in die Maschine stürzt und der darüber liegende Boden zusammensackt. Viele Werkzeuge können im Reparaturfall vom Inneren der Speichen des Schneidrads gewechselt werden.

Die erste riesige Maschine dieser Art zeigte beim Bau der vierten Elbtunnelröhre von Oktober 1997 bis März 2000 ihr Können. Das Schneidrad, das auf den Namen T.R.U.D.E. („Tief Runter Unter Die Elbe") getauft wurde, ist heute auf dem Hof des Museums der Arbeit in Barmbek zu bewundern. Die jüngere Kollegin V.E.R.A. („Von der Elbe Richtung Alster") hat Ende 2010 die Tunnelbohrung für die U4 vom Jungfernstieg in die HafenCity vollendet.

Beim Einsatz von Maschinen wie T.R.U.D.E. oder V.E.R.A. müssen sich nur noch wenige Meter dem erhöhten Luftdruck aussetzen. Die Mannschaft steuert die Tunnelbohrmaschine unter normalen Druckverhältnissen von einem Steuerstand aus; allerdings herrschen in 40 Meter Tiefe bei 40 Grad Celsius und 100 Prozent Luftfeuchtigkeit trotzdem keine einfachen Bedingungen. Nur um den Raum vor dem Schneidrad zu kontrollieren, bestimmte Werkzeuge zu wechseln oder Hindernisse aus dem Weg zu räumen, müssen die eigens dafür bereitstehenden Taucher beziehungsweise Pressluftarbeiter in den Raum hinter der Ortsbrust. Im Vergleich zu den früheren Tunnelbauarbeiten ist der Vortrieb der U4-Strecke geradezu mikroinvasiv. Zweieinhalb Jahre lang hat eine Gruppe von vier bis fünf Personen pro Schicht die Tunnelbohrmaschine tief unter der Stadt navigiert.

Blick in den U4-Tunnel, 2011

Darüber hinaus liegt der U4-Tunnel so tief unter der Oberfläche, dass er nicht einmal in die Nähe von Gebäudefundamenten, Rohren und Leitungen kommt, die hier stören würden. In offener Bauweise wäre in diesem Gelände und bei dem permanent darauf fließenden Verkehr der Bau einer U-Bahn-Linie heute vollkommen ausgeschlossen.

Der U4-Infopavillon am Jungfernstieg zeigte eine Simulation von V.E.R.A.s Arbeit. Wer sie sah, konnte glauben, Tunnelbau gehöre zu den einfachsten Baumaßnahmen der Welt. Der Rückblick auf die Geschichte der Bauverfahren für U-Bahn-Tunnel zeigt aber, wie viel Aufwand, Einfallsreichtum und langsames Vorantasten nötig war, um die heutige Technik zu entwickeln.

Moderne Technik auf Schienen
Von T-Wagen, Silberlingen und anderen Schönheiten

Daniel Frahm

Die ersten U-Bahn-Wagen, die im Jahr 1912 in Hamburg ihren Betrieb auf der Ringlinie aufnahmen, entsprachen in jeder Hinsicht dem damals aktuellen Stand der Technik. Heute, 100 Jahre später, gehört die HOCHBAHN nach wie vor zu den Vorreitern im öffentlichen Personennahverkehr. Mit jedem neuen Fahrzeugtyp brachte sie technische Innovationen auf die Schiene und entwickelte diese kontinuierlich weiter. Davon profitieren seit jeher nicht nur die Fahrgäste, sondern auch die Umwelt.

Hamburger Hauptbahnhof, Postkarte um 1910

Hamburg im Umbruch

Am Ende des 19. Jahrhunderts veränderte sich Hamburg in ungeheurem Tempo. Zwischen 1895 und 1905 wuchs die Bevölkerung rasch an – von 625 000 auf 800 000 Menschen –, während zugleich imposante Bauprojekte das Gesicht der aufstrebenden Metropole veränderten. Das markanteste Zeichen dieser neuen Zeit war die aus roten Backsteinen errichtete Speicherstadt, die ab 1885 nach und nach zum Leben erwachte und zum Symbol des wirtschaftlichen Wachstums wurde. Das neue Rathaus kündete ab 1897 vom politischen Selbstbewusstsein Hamburgs, und im Jahr 1906 ersetzte der moderne, zentral gelegene Hauptbahnhof die alten Kopfbahnhöfe. In der Folge wurde die Innenstadt in eine moderne City mit Büro- und Kontorhausbauten umgestaltet, deren Herzstück, die 1911 eingeweihte Mönckebergstraße, zum Flanieren einlud.

Während sich diese Veränderungen auf den Stadtkern konzentrierten, gab es ein Bauwerk, dessen Entstehung fast überall in der Stadt zu beobachten war, ob in Barmbek, Hohenfelde oder Hoheluft: Die Ringlinie, Hamburgs erste Hoch- und Untergrundbahn, sollte mit ihren 23 Haltestellen die Stadt tiefgehend verändern und die Mobilität der Bewohner nachhaltig prägen. Während der sechsjährigen Bauzeit zwischen 1906 und 1912 sahen die Hamburger Strecken und Haltestellen entstehen und konnten sich nach und nach mit der Veränderung des Stadtbildes durch Viadukte, Dämme und Brücken vertraut machen.

Eine Frage aber blieb lange offen: Wie würden die U-Bahn-Wagen aussehen? Zwar gab es 1911 erste Postkarten von den künftigen Haltestellen, aber die darauf abgebildeten U-Bahn-Wagen waren denjenigen nachempfunden, die bereits seit 1902 in Berlin im Einsatz waren. Und die hatten, wie sich herausstellen sollte, mit den späteren Hamburger Wagen wenig gemein. Das Geheimnis um die äußere Erscheinung der Wagen sollte erst mit der offiziellen Betriebseröffnung gelüftet werden.

Teilnehmer der Eröffnungsfahrt auf der Ringlinie, 1912

Haltestelle Berliner Tor, 1912

Am 15. Februar 1912 versammelte sich eine illustre Runde von Herren in Frack und Zylinder – vornehmlich Senatoren, Abgeordnete der Bürgerschaft und Vertreter von Behörden – in der Haltestelle Rathausmarkt, um offiziell ein neues Kapitel der Hamburger Verkehrsgeschichte aufzuschlagen. Rund 600 Fahrgäste nahmen an der Eröffnungsfahrt der Hamburger U-Bahn auf dem ersten Abschnitt der Ringlinie teil, der von der Haltestelle Rathausmarkt bis zum Betriebshof in Barmbek führte. Dort hatte das Konsortium aus Siemens & Halske und AEG, das für den Bau der Strecken, Haltestellen und Betriebseinrichtungen verantwortlich zeichnete, zu einer anschließenden Feierstunde geladen. Neben einem festlichen Essen standen Besichtigungen des Kraftwerks, der Wagenhallen und Werkstätten auf dem Programm. Die Erfolgsgeschichte der Hamburger Hoch- und Untergrundbahn hatte begonnen.

Die Hamburger Bevölkerung musste sich freilich noch etwas gedulden. Für sie startete das Erlebnis U-Bahn-Fahrt am 1. März 1912, als das erste Teilstück der Ringlinie zwischen den Haltestellen Rathausmarkt und Barmbek planmäßig in Betrieb ging. Stück für Stück wurden im Anschluss die restlichen Abschnitte eröffnet, bis schließlich am 29. Juni 1912 die Ringlinie vollständig befahrbar war.

Die Fahrzeugtypen

Über die Jahrzehnte hat die HOCHBAHN immer wieder neue Fahrzeugtypen eingesetzt. Dabei positionierte sie sich kontinuierlich als Vorreiterin für die Erprobung und den Einsatz innovativer Entwicklungen für den öffentlichen Personennahverkehr. Die neuen Fahrzeugtypen markierten jeweils die Highlights der technischen Entwicklung – diese stellen wir im

Folgenden vor. Soweit es möglich war, rüstete die HOCHBAHN aber gleichzeitig jeweils die älteren noch im Betrieb befindlichen Fahrzeuggenerationen technisch nach.

T-Wagen: Hightech anno 1912

Mit der Eröffnung der ersten Teilstrecke hatten auch die Spekulationen um das Aussehen und die Ausstattung der U-Bahn-Wagen ein Ende. In der Hansestadt waren hochmoderne Triebwagen unterwegs; ausgestattet mit zwei Drehgestellen und zwei je 100 PS starken Motoren für 800 Volt Gleichspannung. Sie beschleunigten die U-Bahn auf bis zu 60 Kilometer pro Stunde. Allerdings wurde diese Höchstgeschwindigkeit selten erreicht, weil die Züge an den Haltestellen abbremsen und wieder anfahren mussten, nachdem die Fahrgäste ein- und ausgestiegen waren. Die Reisegeschwindigkeit auf der Ringlinie lag etwa bei 28 Kilometern pro Stunde, obwohl die T-Wagen mit ihrer Beschleunigung von 0,7 1 m/s² achtmal schneller waren als die Dampfeisenbahn. Diese hohe Beschleunigung war notwendig, weil die Haltestellen nahe zusammenlagen – das neue Verkehrsmittel sollte den Hamburgern in ihrem Alltag schließlich einen Zeitgewinn bescheren.

Die Züge, die mit einer sogenannten Mittelpuffer-Bolzenkupplung zu je zweiteiligen Einheiten zusammengefügt waren, brachten es bei einer Breite von 2,56 Metern und einer Gesamtlänge von 24,9 Metern auf stattliche 60 Tonnen Gewicht. Ihr Wagenkasten ruhte auf einer genieteten Eisenrahmen-Konstruktion, und ein Eichenholzgerüst trug die Außenhaut, die aus einer zwei Millimeter starken Stahlblechbeplankung bestand. Ein Lattenaufbau, der mit imprägniertem Segeltuch bespannt war, bildete das flache Tonnendach.

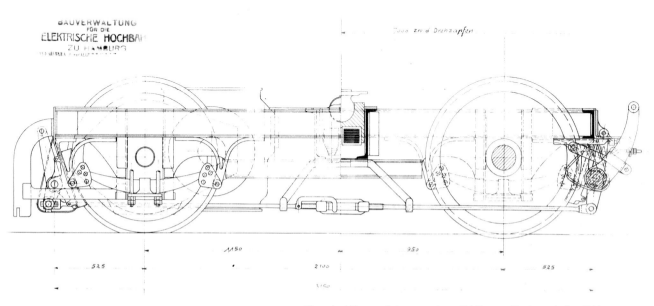

Konstruktionszeichnung eines T-Wagen-Drehgestells, 1911

Ein T-Wagen, 1912. Jeder dieser Wagen hatte eine eigene Nummer. Der T11 (Baujahr 1911) und der T220 (Baujahr 1921) sind noch heute als Museumswagen im Einsatz

Die Außenlackierung war anfangs für die obere Wagenhälfte in einem cremefarbenen Ton gehalten, die untere Hälfte für die zweite Wagenklasse rot und für die dritte Klasse gelb lackiert. Schon wenige Jahre später wurde die Grundlackierung in Grün geändert, während die Farben für die Klassen erhalten blieben. Auch im Inneren unterschieden sich die Wagen: Die zweite Klasse war mit modernen Polstersitzen mit Kunstleder-Bezug und einem Linoleumfußboden ausgestattet, während die Fahrgäste in der dritten Klasse sich mit Holzsitzen – immerhin aus Mahagoni – und einem Holzfußboden begnügen mussten. Die erste Klasse existierte nur theoretisch, sie wäre für den Kaiser reserviert gewesen.

Je Wagen standen insgesamt 35 Sitz- und 80 Stehplätze zur Verfügung. Die Zwei-Klassen-Gesellschaft endete erst am 17. Dezember 1920. Die Polsterbänke der zweiten Klasse wurden durch Holzeinbauten ersetzt. Dafür war ab Juni 1921 in speziell gekennzeichneten Wagen das Rauchen gestattet – eine Erlaubnis, die die HOCHBAHN erst 1963 zurückzog.

Die beste Aussicht auf die Strecke hatte zweifelsohne der Fahrer. Allerdings konnte er sie kaum genießen, musste er doch vom Fahrstand aus nicht nur mit dem Nockenfahrschalter die Geschwindigkeit regeln, sondern auch die Strecke mit ihren Signalen im Auge haben. Besondere Umsicht war bei der Einfahrt in die Haltestellen geboten. Um mit den Druckluftbremsen der Bauart Knorr-Lambertsen den Zug punktgenau anzuhalten, bedurfte es viel Fingerspitzengefühl und Übung.

Neben dem Fahrstand hatte der Zugbegleiter seinen Platz. Er war nicht nur Ansprechpartner für die Fahrgäste, sondern wesentlich für die Abfertigung des Zuges in den Haltestellen verantwortlich. War der Zug abfahrbereit, bekam er vom Haltestellenwärter das Abfahrtssignal, klopfte an die Scheibe des Fahrerstandes – und schon konnte es losgehen.

Der Ansturm auf das neue Verkehrsmittel war bereits kurz nach Eröffnung der Ringlinie im Jahr 1912 größer als erwartet. Schon nach wenigen Wochen nutzten jeden Tag mehr als 100 000 Fahrgäste die U-Bahn; an Wochenenden waren es sogar bis zu 150 000. Anders als zunächst gedacht, musste die HOCHBAHN nun Vier-Wagen-Züge einsetzen, und die 80 T-Wagen, die bei Betriebsbeginn zur Verfügung standen, reichten schon bald nicht mehr aus, um den Betrieb zu bewältigen. Schnell bestellte sie insgesamt 100 weitere Wagen, die trotz des Ersten Weltkrieges und der damit verbundenen Kriegswirtschaft bis 1917 geliefert werden konnten. Sie kamen vor allem auf den bis 1915 neu eröffneten Strecken nach Eimsbüttel, Ohlsdorf und Rothenburgsort zum Einsatz, entlasteten aber auch die stark frequentierte Ringlinie. Auf der Strecke nach Rothenburgsort wurden wegen des verringerten Fahrgastaufkommens in den Kriegsjahren einzelne Wagen eingesetzt, die an beiden Enden über einen Fahrstand verfügten. So war es möglich, mit einem Wagen den Betrieb in beide Richtungen zu bestreiten.

Gleichzeitig entwickelte die HOCHBAHN die vorhandene Fahrzeugflotte weiter. So wurden schon in den zwanziger Jahren pneumatische Türschließanlagen in die Wagen eingebaut. Sie erleichterten die Abfertigung und erhöhten die Sicherheit der Fahrgäste. Ab 1925/26 erhielten die T-Wagen selbsttätige Scharfenberg-Kupplungen, die die Luft- und elektrischen Steuerleitungen bündelten. Zuvor war noch per Hand gekuppelt worden; das neue System ermöglichte nun automatisches und damit schnelleres Kuppeln.

Innenansicht der zweiten Klasse eines T-Wagens, 1911

Ein TU1 verlässt die Haltestelle Barmbek, 1964

Notbetrieb nach dem Zweiten Weltkrieg

Nach dem Feuersturm vom Juli und August 1943, der Teile Hamburgs weitgehend zerstörte, kam es auch bei der U-Bahn zu einer Betriebsunterbrechung, da schwere Schäden im Streckennetz einen geregelten Betrieb verhinderten. Insgesamt hatte das U-Bahn-Netz 135 Bombentreffer erlitten.

Nach dem Krieg durfte die HOCHBAHN unter der britischen Militärregierung die Abschnitte der U-Bahn wieder in Betrieb nehmen, an denen die Schäden nicht so gravierend waren: Ochsenzoll Jungfernstieg, Barmbek Kollinghusenstraße–Schlump–Sternschanze, Schlump–Hellkamp und die Walddörferbahn. Erst am 1. Juli 1950 war wieder das gesamte Netz in Betrieb – allerdings mit Ausnahme der Strecke nach Rothenburgsort. Sie hatte, ebenso wie der gesamte Stadtteil, verheerende Zerstörungen erlitten und wurde nicht wieder aufgebaut.

Die Schäden am Gleiskörper waren jedoch nicht die einzige Einschränkung, die es zu meistern galt: Während des Krieges waren 125 U-Bahn-Wagen zerstört worden. Nur noch 258 waren überhaupt einsatzfähig, die meisten davon waren jedoch nur notdürftig instand gesetzt worden. An neue Fahrzeuge war erst einmal nicht zu denken, also wurde aus dem vorhandenen Fahrzeugpark das Beste gemacht.

Wiederaufbauwagen TU1

Die Fahrzeugwerkstätten Falkenried (FFG) legten zusammen mit der U-Bahn-Werkstatt in Barmbek ein ambitioniertes Wiederaufbauprogramm auf. Innerhalb kürzester Zeit brachten sie 71 beschädigte U-Bahn-Wagen wieder auf Vordermann. Dazu schlachteten sie zerstörte Wagen aus und nutzten verwendbare Teile, um daraus komplett neue U-Bahn-Fahrzeuge zu konstruieren. Der erste dieser T-Wagen, der sogenannte TU1 (das U stand für „umgebaut"), wurde 1947 erprobt. Bis 1952 wurden insgesamt 118 Wagen serienmäßig wiederaufgebaut, wobei die FFG mit Fuchs in Heidelberg und Talbot in Aachen kooperierte, um die Auslieferzeit zu verkürzen und die Produktionskapazitäten zu steigern.

Die neuen Wagen waren elektrisch genauso ausgestattet wie die T-Wagen, jedoch als Ganzstahlkonstruktion gebaut und mit 13,5 Metern etwa einen Meter länger. Statt der heute üblichen zweiflügeligen Türen baute man, wohl aus Materialknappheit und Kostengründen, einfache Stahlschiebetüren ein, die jedoch über eine pneumatische Schließvorrichtung verfügten. Innen dagegen bot sich ein

Die DT1-Fahrzeuge wurden zwischen 1958 und 1960 gebaut und in Dienst gestellt

neues, helleres Bild: Die Sitzbänke bestanden aus hellgelb gebeiztem Eichenholz, und auch an den Wänden fand sich dieser Farbton wieder.

Bitter nötig waren die neuen Fahrzeuge auch deshalb geworden, weil das Fahrgastaufkommen erheblich gestiegen war. Waren die Fahrgastzahlen der U-Bahn im Jahr 1938 bereits auf gut 79 Millionen gestiegen, beförderte die Hamburger Hoch- und Untergrundbahn nur 12 Jahre später, im Jahr 1950, schon 139 Millionen Menschen im Jahr – eine Entwicklung, der die HOCHBAHN mit einer Taktverdichtung und längeren Zügen Rechnung tragen musste.

Neue Fahrzeuge für Hamburg: Doppeltriebwagen (DT)

In den fünfziger Jahren kam in ganz Hamburg der Wiederaufbau in Fahrt. Die Stadtplaner arbeiteten an einer veränderten Struktur der Stadt, neue Straßen und Wohngebiete wurden gebaut. Diese Entwicklungen beflügelten auch die HOCHBAHN: Nach ersten Planungen für Netzerweiterungen entstand zwischen 1955 und 1963 mit der Wandsbeker Linie die erste Neubaustrecke nach dem Zweiten Weltkrieg. Zudem waren die T-Wagen inzwischen in die Jahre gekommen, sodass eine Modernisierung des Fahrzeugparks notwendig war.

Schneller Taktverstärker: der DT1

Die erste Generation neuer U-Bahn-Fahrzeuge ging zwischen Februar 1958 und Ende 1959 in Betrieb. Der DT1, hergestellt von der Waggonfabrik Uerdingen und technisch ausgerüstet von AEG und Siemens, bestand aus zwei fest zusammengekuppelten Wagen und war 27,9 Meter lang. Die acht Motoren mit einer Leistung von je 74 Kilowatt (etwa 101 PS) beschleunigten den Zug auf eine Höchstgeschwindigkeit von 80 Kilometern pro Stunde; immerhin 20 mehr, als die T-Wagen von 1912 erreicht hatten. Trotz seines Gewichts, das immer noch gut 50 Tonnen betrug, erreichte der DT1 eine beachtliche Anfahrtsbeschleunigung von mehr als 1 m/s². So sollte die neue Fahrzeuggeneration helfen, die Fahrzeiten zu verkürzen. Schließlich sollten die Menschen in Hamburg auch weiterhin ihr Fahrziel schnell und bequem erreichen können.

Neu war auch das automatische Nockenschaltwerk: Mit der linken Hand bediente der Fahrer den Fahrhebel, mit der rechten den Bremshebel. Gebremst wurde der Zug durch eine elektrische Widerstandsbremse: Beim Bremsvorgang erwärmten sich die Widerstände, und die entstehende Abwärme wurde bei Bedarf für die Wagenheizung genutzt. Der zunächst in Rot und Beige, ab 1969 dann in Grautönen mit orangeroter Front und orangeroten Türen lackierte zweiteilige DT1 verfügte über 82 gepolsterte Sitz- und 178 Stehplätze.

Innenansicht eines DT1, 1960

Moderne Technik auf Schienen

Die DT1 wurden kontinuierlich technisch modernisiert und taten gut 33 Jahre lang zuverlässig ihren Dienst auf Hamburgs Schienen, bis sie zwischen 1989 und Sommer 1991 ausgemustert wurden. Einige wurden zu Betriebsfahrzeugen für Mess-, Transport- und Reinigungsaufgaben umfunktioniert, und noch heute sind gelegentlich die beiden Wagen 9030 und 9031 im U-Bahn-Netz unterwegs: Sie wurden zum „Hanseat" umgebaut, einem Salonwagen mit historischem Flair, der für besondere Veranstaltungen genutzt wird und auch gemietet werden kann.

Nur ein Intermezzo: der TU2

Obwohl die Lieferung des DT1 bereits angelaufen war, wollte die HOCHBAHN nicht auf eine Reserve verzichten – schließlich wurde das Netz stetig ausgebaut, sodass der Fahrzeugbedarf stieg. Zwischen 1959 und 1961 baute sie deshalb gut 100 T-Wagen nach modernen Maßstäben um und rüstete sie mit neuen Leitungen und neuer Betriebstechnik aus, um die Betriebskosten zu senken. Sehr schnell bürgerte sich für diese TU2-Wagen ein Spitzname ein: Wegen ihrer 0,8 Millimeter dicken Außenbeplankung aus rostfreiem Edelstahl wurden sie liebevoll „Silberlinge" genannt. Dieses Gewand war nicht nur schick, sondern auch praktisch, entfiel doch nun der bisher notwendige Außenanstrich. Nur die Türen wurden in leuchtendem Orangerot lackiert.

Das leinenbespannte Dach der T-Wagen wurde durch eine Mipolam-Kunststoff-Abdeckung ersetzt, der Fahrerstand über die ganze Wagenbreite gezogen und mit zwei großen Fenstern ausgestattet. Und auch das Wageninnere kam in den Genuss einer Generalüberholung: Zeitgemäße Sitzbänke aus glasfaserverstärktem Kunststoff in Grau, Blau und Dunkelrot ersetzten die alten Holzsitze. Das Gastspiel der Silberlinge dauerte knapp zehn Jahre – Ende 1970 wurden sie, wie seit 1963 bereits auch die T- und TU1-Wagen, aus dem Verkehr gezogen, weil die HOCHBAHN inzwischen mit dem DT2 eine ausreichende Anzahl deutlich modernerer und sparsamerer Fahrzeuge im Einsatz hatte.

Auffällig modern: der DT2

Ganz neu muteten ab 1962 die DT2-Fahrzeuge an, die in Zusammenarbeit mit der Hochschule für Gestaltung in Ulm entworfen worden waren. Zwischen 1962 und 1966 schaffte die HOCHBAHN insgesamt 166 dieser 3,35 Meter hohen, 2,51 Meter breiten und etwa 27,5 Meter langen Doppeltriebwagen an. Sie waren schon optisch eindrucksvolle Botschafter der Modernität: Nach positiven Erfahrungen mit den „Silberlingen" dominierte außen unlackierter Edelstahl, unterbrochen von orangerot leuch-

Der TU2, liebevoll „Silberling" genannt

DT2-Fertigung in Salzgitter-Watenstedt, 1962

tenden Türen und Fronten. Die Wagenseiten aus blankem, rostfreiem Stahlblech sorgten nicht nur für ein markantes Erscheinungsbild, sondern hatten darüber hinaus auch den Vorteil, dass sich darauf weniger Schmutz ablagerte und die Wagen in der Waschanlage von außen leichter zu reinigen waren.

Die Konstrukteure hatten besonderen Wert auf eine glatte und schlichte Gestaltung gelegt. Um eine möglichst windschnittige Form zu erreichen und gleichzeitig die Reinigung des Fahrzeugs zu erleichtern, hatten sie bewusst auf vorspringende Ecken und Kanten verzichtet. Selbst die Anordnung der Scheinwerfer erfüllte eine besondere Funktion: Sie waren nach innen versetzt, um den Blendeffekt in Kurven zu verringern. Die roten Zugschlusslichter waren im Gegenzug weiter außen angebracht, sodass sie in den Kurven frühzeitiger zu erkennen waren. Die außenlaufende Doppelschiebetür mit einer Einstiegsbreite von 1,21 Metern ließ sich per Hand öffnen und wurde in den ersten zehn Sekunden nach der Anfahrt mit Druckluft geschlossen gehalten.

Auch im Innenraum bot der DT2 neuen Komfort – sogar in zwei Varianten: Die Sitze der ersten beiden DT2-Serien waren aus glasfaserverstärktem Kunststoff, die der weiteren Serien gepolstert und mit besonders strapazierfähigem Kunstleder überzogen. Jedes Fahrzeug verfügte über 82 Sitz- und 176 Stehplätze. Für das Gepäck waren zwischen den Fenstern Ablagen aus Leichtmetall installiert. Aus dem gleichen Material waren auch die Abfallbehälter. Im Fahrgastraum sorgten je Wagen acht auf dem Dach montierte Lüfter – nach ihrem Erfinder Kuckuck-Lüfter benannt – für die notwendige Frischluftzufuhr, indem sie einen kontinuierlichen Luftaustausch ermöglichten.

Schweißarbeiten am Seitenwandgerippe eines DT2 beim Hersteller LHB, 1962

Der DT2-Prototyp vor einer Probefahrt, 1961

Die aus je zwei zusammengekuppelten Wagen bestehenden Fahrzeuge verfügten über zwei Triebdrehgestelle mit je zwei Hohlwellenmotoren von 80 Kilowatt (109 PS), die das Fahrzeug auf bis zu 70 Kilometer pro Stunde beschleunigen konnten. Der DT2 war in Stahlleichtbauweise erbaut und hatte nur noch sechs statt acht Achsen. So brachte er nur noch 35,1 Tonnen auf die Waage. Durch diese Gewichtsersparnis sank der Stromverbrauch deutlich. Der DT2 wurde hauptsächlich mithilfe einer eigenerregten elektrischen Widerstandsbremse zum Halten gebracht. Als Rückfallebene und Haltebremse hatte der DT1 eine pneumatische Bremse gehabt, im DT2 übernahm eine Federspeicherbremse diese Funktion.

Neuerungen gab es auch am Arbeitsplatz des Zugfahrers: Die große Frontscheibe war nun beheizbar und bot einen guten Überblick über die vor ihm liegenden Schienen, das Instrumentenpult war noch übersichtlicher aufgeteilt als beim DT1. Der fest montierte Fahrersitz war dreh- und klappbar und mit einem atmungsaktiven Nylon-Cord-Bezug versehen. Links auf dem Pult befand sich der Fahrstufenschalter. Der DT2 war und ist bis heute das einzige Hamburger U-Bahn-Fahrzeug, das mit Fußpedalen gesteuert wurde. Das linke war für das Fahrkommando mit kleiner oder großer Beschleunigung zuständig, das rechte für die fünf Bremsstufen.

Alle Schaltelemente waren hinter leicht zugänglichen Verkleidungen verborgen, wodurch die Instandhaltung erheblich erleichtert wurde. Gleiches galt für die gesamte Elektro-Ausrüstung: Sie war in Kästen untergebracht, die zugleich als tragende Elemente des Wagenkastens fungierten. Diese Bauweise ermöglichte einen unkomplizierten Zugang zu Bauteilen und einen schnellen Tausch. War ein Teil defekt, wurde das gesamte Modul entfernt und durch ein funktionstüchtiges ersetzt. Die exakte Fehlerdiagnose am Modul erfolgte später in der Werkstatt, während das Fahrzeug längst wieder unterwegs war. Durch dieses rationelle Vorgehen verkürzte sich die Standzeit der Fahrzeuge in den Werkstätten erheblich. Gut 40 Jahre lang waren die DT2-Fahrzeuge in Hamburg auf Achse, 15 von ihnen sind heute noch als Betriebsreserve und für Verstärkerfahrten im Einsatz.

Neuer Fahrzeugtyp für ein rasant wachsendes Netz: der DT3

Ab der Mitte der sechziger Jahre wuchs das U-Bahn-Netz in beeindruckendem Tempo weiter. Zunächst wurde 1966 die U2 nach Hagenbecks Tierpark verlängert, und nur zwei Jahre später begann auf dem Streckenabschnitt der Linie U2 zwischen Hauptbahnhof Nord und Berliner Tor der Betrieb. Während im Osten im Jahr 1970 die seit 1967 vom Berliner Tor aus schrittweise um sieben Haltestellen erweiterte Linie U3 bis zur Merkenstraße führte, wurde in der Innenstadt im selben Jahr der Streckenabschnitt Schlump–Gänsemarkt eröffnet. 1973 schloss die HOCHBAHN mit der Haltestelle Jungfernstieg die verbliebene Lücke zum Hauptbahnhof.

Ein so rasant wachsendes Streckennetz erforderte auch eine erneute Aufstockung des Fahrzeugparks. Und so nahm ab 1968 eine neue Schönheit ihre Arbeit auf Hamburgs U-Bahn-Gleisen auf: der DT3. Oberflächlich war er kaum vom DT2 zu unterscheiden, doch wurden nun nicht mehr zwei, sondern drei

Ein mit Drehstrom betriebenes Erprobungsfahrzeug des DT3, 1980. Diese Technik wurde ausführlich getestet und wird heute auch im DT4 genutzt

Wagen zusammengekuppelt – zwei mit Fahrerständen und ein kürzerer Mittelwagen. Jeder DT3 verfügte über 92 Sitz- und 273 Stehplätze.

Bis 1971 wurden 127 Einheiten gebaut, von denen 68 grundlegend modernisiert noch heute in Hamburg unterwegs sind. Der DT3 wiegt 46 Tonnen und erreicht eine Höchstgeschwindigkeit von 80 Kilometern pro Stunde. Jede Einheit hat vier doppelachsige Drehgestelle, jede Achse ist mit einem 80-Kilowatt-Motor (109 PS) ausgerüstet. Die Steuerung erfolgt über ein Starkstrom-Nockenschaltwerk.

Im Laufe der Jahre wurden die DT3-Fahrzeuge in mehreren Generalüberholungen dem jeweils aktuellen technischen Stand angepasst sowie mit neuen Sitzen, Fußböden und Sicherheitseinrichtungen wie Notruf und Kameras ausgestattet. Auch die DT3-Fahrzeuge, die heute noch ihren Dienst tun, sind damit auf dem neuen Stand der Technik.

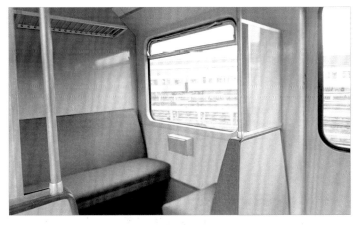

Sitzbank mit Gepäckablage im Mittelwagen eines DT3, 1967

Der DT4 setzte neue Maßstäbe in der Technik, 1989

DT4: Mit völlig neuer Optik in die neunziger Jahre

Im Zuge des weiteren Netzausbaus in Richtung Niendorf Markt und Niendorf Nord war absehbar, dass der bestehende Fahrzeugpark wiederum wachsen musste. Bereits Anfang der achtziger Jahre gab es erste Überlegungen, neue Fahrzeuge anzuschaffen und ältere Baureihen zu ersetzen. Die ersten DT4-Fahrzeuge wurden am 30. Mai 1988 der Öffentlichkeit vorgestellt und nahmen ab 1989 ihren Liniendienst auf. Bis 2005 folgten sechs Lieferungen mit insgesamt 126 vierteiligen Fahrzeugen.

Der DT4 besteht aus vier Wagen und ist insgesamt 60 Meter lang. Schon optisch unterscheidet er sich sehr deutlich von seinen Vorgängern. Er hat leicht schräge Seitenwände und ist komplett lackiert. Größere Fenster und weite, auf Knopfdruck öffnende und vom Fahrer zentral zu schließende Türen geben dem derzeit jüngsten aktiven Mitglied der Hamburger U-Bahn-Familie ein modernes Erscheinungsbild.

Was sein Äußeres verspricht, hält der DT4 auch innen. Ausgestattet mit modernster Antriebs- und Steuerungstechnik, setzte er von Beginn an Maßstäbe in der Fahrzeugtechnik. Mikroprozessoren übernehmen fast alle Steuerungs- und Überwachungsfunktionen. Jede Einheit verfügt über zwei voneinander unabhängige Funktionskreisläufe für Antrieb, Bremse und Steuerungseinrichtungen, die ein höchstmögliches Maß an Betriebssicherheit garantieren.

Angetrieben wird der DT4 von acht wassergekühlten Drehstrom-Motoren mit einer Leistung von jeweils 125 Kilowatt (170 PS). Das erwärmte Wasser wird ebenso zum Heizen des Wageninneren genutzt wie die Abwärme der elektrischen Ausrüstung. Ein besonders geräuscharmes Getriebe, voll gekapselte Motoren und mit Schallabsorbern bestückte Radreifen reduzieren die Fahrgeräusche auf ein Minimum.

Bei der Entwicklung des DT4 wurde besonders der Umweltschutzgedanke beachtet. Im Vordergrund stand und steht das Ziel, den Energieverbrauch so weit wie möglich zu reduzieren. Erstmals wurde der gesamte Wagenkasten in Stahlleichtbauweise aus rostfreiem Edelstahl gebaut, um Gewicht einzusparen. In Kombination mit der neuen Antriebstechnik können Energieeinsparungen von bis zu 30 Prozent realisiert werden, denn die Energie, die beim Bremsen entsteht, wird in die Strom-

Zeitgemäß schick: Innenansicht des DT4, 1989

schiene zurückgespeist. Zusätzlich sind die beim Fahrzeugbau eingesetzten Materialien zu über 95 Prozent recyclingfähig, und korrosionsbeständige Werkstoffe verlängern den Lebenszyklus der Fahrzeuge.

Zu den Sicherheitseinrichtungen im DT4 gehört neben der Notbremse und dem Notrufsystem per Gegensprechanlage auch ein neues, umfassendes Brandschutzkonzept, das die Entstehung und Ausbreitung von Bränden weitgehend verhindert. Die Wagen verfügen deshalb über eine Sprinkleranlage, und es wurden nur Materialien verbaut, die eine Brandentstehung erschweren und die Ausbreitung eines Brandes verzögern.

Völlig neu gestaltet: Fahrerarbeitsplatz im DT4, 1989

Der Fahrerarbeitsplatz wurde ebenfalls völlig neu gestaltet: Der Sitz entspricht dem aktuellen Stand bezüglich Ergonomie und Arbeitssicherheit, und die große Frontscheibe sorgt für ein Höchstmaß an Übersicht. Auf der

Moderne Technik auf Schienen

Entwurfszeichnung für den DT5

Die Zukunft: der DT5

Die nächste Generation von U-Bahn-Fahrzeugen entsteht bereits: Ab 2012 bis 2016 wird die HOCHBAHN etwa 70 Fahrzeuge vom Typ DT5 in Betrieb nehmen. Schwerpunktmäßig auf den Linien U3 und der neuen U4 eingesetzt, wird der DT5 mit sechs Motoren mit jeweils 135 Kilowatt (184 PS) ausgestattet sein. Bei einer Länge von 39,58 Metern und einer Breite von 2,6 Metern wird er über 96 Sitz- und 240 Stehplätze verfügen. Wie der DT4 entsteht er in Leichtbauweise unter Verwendung recyclingfähiger Materialien, und auch die Technik für die Rückspeisung der Bremsenergie ins Stromnetz übernimmt er von seinem Vorgänger.

Darüber hinaus wird das dreiteilige Fahrzeug durchgängig begehbar sein, sodass sich die Fahrgäste besser verteilen können. Mit rotem Stoff bezogene Hartschalensitze und eine Edelstahloptik sorgen für eine moderne Erscheinung, während eine Klimaanlage die Fahrt auch bei wechselhaftem Hamburger Wetter angenehm macht. Ein intelligentes Türschließsystem verhindert, dass die Türen zu lange offen stehen, spart so im Sommer Energie für die Klimaanlage und verhindert im Winter einen größeren Wärmeverlust.

In Sachen Brandschutz geht der DT5 sogar über die gesetzlichen Vorgaben hinaus: So werden zum Beispiel neben der in Hamburg mittlerweile standardmäßig eingebauten Sprinkleranlage auch Brandmelder in den Geräteräumen eingebaut. Und selbstverständlich verfügt das neue Fahrzeug über das bewährte ausgeklügelte Sicherheitssystem, das unter anderem Videokameras und Notrufsysteme beinhaltet.

Bedienkonsole befinden sich neben dem Fahr- und Bremshebel, mit dem der Fahrer die Geschwindigkeit und die Bremse steuert, auch Tasten zum Entriegeln und automatischen Schließen der Türen und zur Aktivierung der digitalen Ansage der nächsten Haltestelle. Die Monitore für die Selbstabfertigung und für Zustands- und Fehlermeldungen sind in den seitlichen Konsolen angebracht.

Der DT4 ist außerdem ein wahres Raumwunder: Obwohl die Abmessungen der U-Bahn-Tunnel in Hamburg die maximalen Außenmaße vorgeben, gelang es durch ein neuartiges Raumkonzept, den Innenraum im Vergleich zu den bisherigen U-Bahn-Typen deutlich zu vergrößern. Bei einer Länge von 60 Metern pro Fahrzeug und einer Breite von 2,58 Metern – gut 12 Zentimeter mehr als der DT3 – bietet der DT4 182 Sitz- und 372 Stehplätze.

Technischer Wandel in Kommunikation und Betriebsführung

Nicht nur bei der Konstruktion und bei der technischen Weiterentwicklung von U-Bahn-Fahrzeugen, sondern auch in den Bereichen Kommunikation und Betriebsführung hat die HOCHBAHN im öffentlichen Personennahverkehr immer wieder neue Standards gesetzt.

Schon 1912 waren alle Haltestellen mit Fernsprechern ausgestattet, sodass eine schnelle Kommunikation zwischen den Haltestellen möglich war. So konnten die Haltestellenwärter zum Beispiel die Zugfahrer während des Halts über Störungen informieren. Eine direkte Kommunikation mit den Zugfahrern während der Fahrt gab es jedoch noch nicht.

Die Zugsicherung entsprach schon vor 100 Jahren modernsten Anforderungen und war zu großen Teilen automatisiert. In der Festschrift zur Eröffnung der Ringlinie vom 15. Februar 1912 heißt es: „Die Zugsicherung erfolgt durch ein neuartiges, sechsfeldriges Blocksystem; die Betätigung der Block- und Signaleinrichtungen durch Menschenhand ist derart durch elektrischen Antrieb ersetzt, daß die menschliche Tätigkeit fast nur noch in der Kontrolle

Elektronisch gesteuertes Fahrzeug auf der Versuchsstrecke zwischen Farmsen und Berne, 1966

der Einrichtung besteht." Signale sorgten dafür, dass in jedem der sechs Blockabschnitte zeitgleich jeweils nur ein U-Bahn-Zug pro Richtung fahren konnte. 1923 wurde das Selbstblocksystem im gesamten, inzwischen erweiterten U-Bahn-Netz eingeführt.

Für einen reibungslosen und pünktlichen Betriebsablauf sorgte zudem ein auf allen Haltestellen und in allen Einrichtungen gleich laufendes Uhrensystem, das von einer zentralen Uhr im Hochbahnhaus aus gesteuert wurde. Und schon im Jahr 1929 wurden auch die Stellwerke auf selbsttätigen Betrieb umgestellt – aber natürlich trotzdem noch von Hochbahnern überwacht.

Elektronische Sicht

1966 erprobte die HOCHBAHN eine Signaltechnik, die das bis dahin eingesetzte Blocksystem ersetzen sollte: das „Fahren auf elektronische Sicht". Hierbei entfiel ein Großteil der Signale an der Strecke. Fingerdicke Kupferkabel im Gleisbett – die Linienleiter – sendeten

Schaubild zum Fahren auf elektronische Sicht, 1966

Impulse an die Abtast-Antennen der Fahrzeuge. Eine neue Steuerungselektronik errechnete dann, wann angefahren, wie lange beschleunigt und wann wieder gebremst werden musste – alles mit dem Ziel, möglichst wenig Energie durch unnötiges Anfahren und Abbremsen zu verbrauchen und den Fahrplan mit einer möglichst idealen Geschwindigkeit genau einzuhalten. Dazu war es notwendig, die Positionen der Bahnen im Netz genau zu bestimmen. Diese Aufgabe übernahmen ebenfalls die Linienleiter: Sie waren alle 30 Meter gekreuzt, sodass eine elektronische Markierung erzeugt und an die Leitstelle übermittelt wurde.

Mithilfe dieses Systems gelangen der HOCHBAHN nicht nur deutliche Energieeinsparungen. Indem es die Idealgeschwindigkeit errechnete, ließ sich auch der Sicherheitsabstand zwischen den Zügen nun automatisch überwachen. War er zu gering, nahm das System eine automatische Bremsung vor. Von der jetzt möglichen dichteren Zugfolge in den Hauptverkehrszeiten profitierten alle Fahrgäste. Aus der einjährigen Erprobung auf der Strecke zwischen den Haltestellen Wartenau und Trabrennbahn gewann die HOCHBAHN wichtige Erkenntnisse über die Betriebsführung; flächendeckend eingeführt wurde die Technik jedoch nicht.

Zugtelefonie

Die Linienleiter ermöglichten noch eine weitere Entwicklung der Kommunikation: die Zugtelefonie. Bereits in den zwanziger Jahren hatte die HOCHBAHN als erstes Nahverkehrsunternehmen in Europa mit Lautsprecheranlagen in den T-Wagen experimentiert. Über einen sogenannten Haltestellen-Abrufapparat sagte der Fahrer die nächste Haltestelle an. Im Fahrstand war dazu versuchsweise ein modifizierter Fernsprecher eingebaut worden. Durchsetzen konnte sich dieses System allerdings offenbar nicht.

Erst ab 1973 stattete die HOCHBAHN die ersten U-Bahn-Fahrzeuge mit Lautsprechern aus. Per Mikrofon konnte der Fahrer nun über die je vier Innen- und Außenlautsprecher jedes Wagens Informationen und Ansagen an die Fahrgäste weitergeben. Nur ein Jahr später wurde auf dem 16 Kilometer langen Streckenabschnitt zwischen den Haltestellen Ohlsdorf und Wandsbek Markt schließlich die Zugtelefonie eingeführt: Eine Datenübertragung über die Linienleiter ermöglichte jetzt eine wechselseitige Kommunikation zwischen dem U-Bahn-Fahrer und der Leitstelle im Hochbahnhaus. Mehr noch: Sie funktionierte auch in den vielen Tunneln der U-Bahn – ein Meilen-

Haltestellen-Abrufapparat im T-Wagen, 1922

stein in der Kommunikation. In den Folgejahren nahm die HOCHBAHN die Zugtelefonie im gesamten U-Bahn-Netz in Betrieb. Inzwischen wurde sie jedoch durch ein digitales Funksystem ersetzt.

PUSH

Mit der Linienzugbeeinflussung per Linienleiter und der Zugtelefonie hatte die HOCHBAHN wichtige Schritte bewältigt, um die Qualität des Betriebes zu verbessern. Auf Basis der vorhandenen Erfahrungen entwickelte sie in den späteren siebziger Jahren wiederum ein neues und umfassenderes Automatisierungssystem, das 1980 die Testreife erreichte. Das „prozessrechnergesteuerte U-Bahn-Automatisierungssystem Hamburg" – kurz: PUSH – sollte alle wesentlichen Funktionen des U-Bahn-Betriebs automatisieren. Mit diesem System verfolgte die HOCHBAHN mehrere Ziele: Sie wollte die Verkehrs- und Betriebsqualität steigern, die Zugfolge weiter verdichten, Energie einsparen sowie durch optimal abgestimmte Arbeitsabläufe die Betriebskosten senken.

Dazu wurden alle Funktionen des U-Bahn-Betriebs – also die Steuerung und Überwachung des U-Bahn-Betriebsablaufs, der Stellwerke und der Haltestellen – zusammengefasst, auf Computersteuerung umgestellt und miteinander vernetzt. So stellte das System entsprechend dem Fahrplan der U-Bahnen die Weichen, die Fahrsignale und die Zugzielanzeiger ein und bestimmte jeweils die Geschwindigkeit, die die Züge erreichen mussten, um den Fahrplan einzuhalten. Zugleich überwachten Mitarbeiter der HOCHBAHN mit diesem System die Abfertigung auf den Haltestellen und gaben Signale zum Türenschließen und Weiterfahren. In den U-Bahn-Zügen selbst half PUSH, Störungsmeldungen zu verarbeiten und die Fahrgeschwindigkeit sowie das Türenschließen zu überwachen.

PUSH-Zugmelder im Gleisbett, 1980

Blick aus dem automatisch gesteuerten Zug bei 70 Kilometern pro Stunde, 1982

Möglich wurde dieser umfassende Datenaustausch zwischen U-Bahn-Zügen, Haltestellen und der PUSH-Zentrale in Volksdorf ebenfalls durch die Linienleiter und Zugmelder am Anfang und Ende jeder Haltestelle. So war der U-Bahn-Betrieb fast vollständig automatisiert; überwacht durch speziell geschulte Mitarbeiter und ausgefeilte Computersysteme.

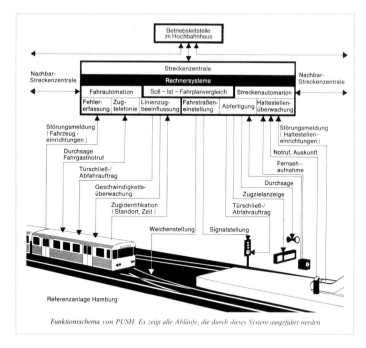

Funktionsschema von PUSH. Es zeigt alle Abläufe, die durch dieses System ausgeführt werden

Schaubild zur PUSH-Funktionsweise, 1980

Die insgesamt vierjährige Erprobungsphase von PUSH brachte der HOCHBAHN wesentliche Erkenntnisse über die Automatisierung des U-Bahn-Betriebs. Viele Einzelfunktionen wurden weiterentwickelt und durch neue Komponenten zu einem hochmodernen System ergänzt. So unterstützte ab 1985 das von der HOCHBAHN selbst entwickelte Betriebsleitsystem (BLS) die Mitarbeiter bei der Überwachung des U-Bahn-Betriebs, indem es einen Überblick über das gesamte Betriebsgeschehen lieferte. Mit diesem System konnte die HOCHBAHN die Anschlüsse zwischen den U-Bahn-Linien sowie zwischen U-Bahnen und Bussen sichern, die Haltestellen steuern und überwachen sowie die Zugzielanzeiger und die ab 1990 eingeführte Selbstabfertigung der U-Bahn-Züge durch die Fahrer steuern.

Zwischen 2002 und 2007 wurde das BLS schrittweise durch das Steuerungs- und Betriebsführungssystem (SBS) ersetzt. Damit kamen weitere Steuerungsfunktionen hinzu: Neu war eine integrierte Bedienoberfläche, mit der sich unter anderem Stellwerke und das Zugfunksystems bedienen ließen. Der Betrieb von Signalen und Weichen wurde weitgehend so automatisiert, dass diese selbst bei Betriebsstörungen wie Streckensperrungen nach Fahrplanvorgaben gesteuert werden. Mithilfe einer automatischen Identifikation der Fahrzeuge kann das SBS außerdem die jeweiligen Standorte der U-Bahn-Züge zuverlässig bestimmen. Darüber hinaus hält das System umfangreiche Informationen wie Dienstpläne und Wartungstermine für Fahrzeuge bereit.

Heute verfügt die HOCHBAHN mit ihrer Ende 2007 eingeweihten Betriebszentrale über die modernste Einrichtung Europas, in der erstmals alle Schlüsselbereiche der Betriebsführung von Bussen und U-Bahnen unter einem Dach zentralisiert wurden. Betriebsabläufe und Kommunikation sind damit effizienter als je zuvor.

100 Jahre innovative Technik

Ob nun bei der Betriebsführung, der Kommunikationstechnik, im Bereich der Fahrzeuge oder im Bereich der gesamten Infrastruktur – die HOCHBAHN hat die Weiterentwicklung der U-Bahn-Technologie in den zurückliegenden 100 Jahren maßgeblich beeinflusst. Als engagierter Partner der Industrie bei der Entwicklung und Praxiserprobung sowie in der Mitarbeit in verschiedenen Fachgremien im VDV (Verband Deutscher Verkehrsunternehmen) und

Der DT5 bei der Pressevorstellung im März 2010 bei Alstom Transportation in Salzgitter

der UITP (Internationaler Verband für öffentliches Verkehrswesen) erarbeitete sich die HOCHBAHN so ein breites Wissen und umfangreiche Erfahrungen in der modernen Gestaltung und Betriebsführung von U-Bahn-Systemen. Dieses Engagement beschränkt sich nicht auf Hamburg oder Deutschland. So waren HOCHBAHN-Mitarbeiter für das Tochterunternehmen Hamburg-Consult auch an der Planung, am Bau und an der Inbetriebnahme der Metros in Athen (1988–2003) und Guangzhou (1994–1999) sowie der Stadtbahn in Ankara (1991–1997) beteiligt. Die Schwerpunkte der internationalen Arbeit lagen und liegen darin, Betriebskonzepte zu erarbeiten, Werkstätten zu planen, Mitarbeiter zu schulen, betriebliche Regelwerke zu erstellen sowie die Inbetriebnahme zu koordinieren. Nicht zuletzt auch durch dieses internationale Engagement genießt die HOCHBAHN den Ruf als innovative Vordenkerin und ist weit über die Grenzen Deutschlands hinaus Vorbild für einen komfortablen, pünktlichen und umweltbewussten öffentlichen Personennahverkehr.

Bustechnik im Wandel der Zeit
Von echten Pferde-Stärken bis zur Dieselhybridtechnik

Helge Burkhardt

Wer bis ins 19. Jahrhundert hinein in Hamburg oder Altona unterwegs war, ging meist zu Fuß; einzelne Verbindungen mit Droschken waren von einem verlässlichen Takt weit entfernt. Seitdem hat sich eine Menge getan: Auf über 100 Linien befördern allein bei der HOCHBAHN mehr als 700 Busse jährlich über 200 Millionen Fahrgäste. Die Fahrzeuge sind mit modernster Technik ausgestattet und bieten viel Komfort für die Fahrgäste, aber auch für die Fahrer. Ein rechnergesteuertes Betriebsleitsystem und ein Fahrgastinformationssystem sorgen für reibungslose Abläufe. Dieses Kapitel zeichnet die Meilensteine dieser Entwicklung nach.

Pferdeomnibus der Firma Basson & Comp., um 1840

Die Vorgeschichte: Entwicklung der Bustechnik bis in die fünfziger Jahre

Die erste regelmäßige Verbindung gab es im Oktober 1839: Die „Pferdeomnibusse" der Firma Basson & Comp. – große Kutschen, die von jeweils zwei Pferden gezogen wurden – verkehrten im Halbstundentakt zwischen Hamburg und Altona. Während die üblichen Droschken nur vier Personen befördern konnten, hatte jede dieser Kutschen zwölf Sitzplätze, und die Tour war nur halb so teuer wie eine Droschkenfahrt. Das Angebot erfreute sich schnell wachsender Beliebtheit, und schon im Dezember desselben Jahres wurden weitere Linien eingerichtet. Erst als mit der Verbindungsbahn (1865), der elektrischen Straßenbahn (1894) und der Ringlinie (1912) die wesentlichen Schienenverbindungen für den Nahverkehr ausgebaut worden waren, ging die Zeit der Pferdeomnibusse zu Ende. 1916 wurde die letzte Linie von Eppendorf über Ohlsdorf nach Ochsenzoll eingestellt.

Start mit Vollgummireifen und Kurbel

Das Buszeitalter begann in Hamburg am 5. Dezember 1921. Zwischen Schlump und Landwehr eröffnete die Hamburger Hochbahn AG eine erste Probelinie mit Kraftomnibussen. Allerdings war es mit der Technik zu dieser Zeit noch nicht weit her: Die Busse waren noch auf Vollgummireifen unterwegs, und die Fahrer mussten den Motor mit einer schwergängigen Kurbel in Gang bringen, bevor sie die Fahrgäste mit 20 Stundenkilometern durch die Stadt ruckeln konnten. Eine Heizung gab es genauso wenig wie Scheibenwischer; wenn es regnete oder schneite, musste der Fahrer die Frontscheibe herunterklappen, um die Fahrbahn sehen zu können. Dazu kam der enorme Kraftstoffverbrauch – auf 100 Kilometer gut 40 Liter Benzin. Weil die Betriebskosten aufgrund der Inflation stiegen, stellte sich das Experiment in der Summe jedoch als unrentabel heraus, sodass der Probebetrieb schon 1922 wieder eingestellt wurde.

Zwar schlug auch ein neuer Versuch zwischen Wandsbek und Marienthal fehl, bei dem die HOCHBAHN eine eingestellte Pferdebahnlinie

Der erste HOCHBAHN-Bus von NAG, 1921

Ein Büssing VI Gl2, 1925

durch Busse ersetzte – auch diese Linie wurde wieder eingestellt. Da Busse aber im dichter werdenden Stadtverkehr sehr flexibel einsetzbar waren, war die HOCHBAHN überzeugt davon, dass sich diese Art des öffentlichen Personennahverkehrs durchsetzen würde. Schon 1924 eröffnete sie deshalb neue Linien, die schließlich den Grundstein für einen erfolgreichen Busbetrieb legten. Die zuvor eingesetzten NAG-Zweiachser wurden 1925 mit Vollgummireifen ausgestattet und erhielten einen Seitenstatt Heckeinstieg. Zwischen 1925 und 1927 kaufte die HOCHBAHN Dreiachser der Firma Büssing mit Rechtssteuerung und „Riesenluftreifen", die später mit Fahrzielkästen und Seiteneinstiegen ausgerüstet wurden.

Die Fahrgäste nahmen die Busse so gut an, dass 1925 die erste Schnellbuslinie eingerichtet wurde, um die Straßenbahnstrecke zwischen Rathausmarkt und Eppendorfer Baum zu entlasten. Sie hatte nur sieben Haltestellen. Auch das weitere Wachstum des Busverkehrs ging zügig voran: 1925 gab es fünf Tages- und sogar schon drei Nachtbuslinien. In der Weltwirtschaftskrise ab 1929 stagnierte die Entwicklung, bis die Nationalsozialisten schließlich das Busnetz weiter ausbauten. 1938 nutzten jährlich bereits 13 Millionen Menschen die Busse der Hamburger Hochbahn AG. Ein Jahr später umfasste das Angebot 7 Schnellbus-, 13 Tagesbus- und 9 Nachtbuslinien.

Mit Beginn des Zweiten Weltkriegs konfiszierte die Wehrmacht einen Teil der Fahrzeuge für den Fronteinsatz, sodass die HOCHBAHN mit einem deutlich dezimierten Fuhrpark auskommen musste. Als später auch noch der Dieselkraftstoff knapp wurde, setzte sie Busse mit Leuchtgasantrieb ein, obwohl diese mit 25 Kilometern eine deutlich geringere Reichweite hatten. Durchsetzen konnte sich der erstmals 1863 erprobte Gasantrieb jedoch damals nicht, ebenso wenig wie die „O-Busse", die mit einem Elektromotor ausgestattet waren und ihren Strom aus einer Oberleitung bezogen. Sie gaben zwischen 1949 und 1958 auch als Doppeldecker nur ein kurzes Gastspiel in Harburg. Heute sind nur noch in drei deutschen Städten Oberleitungsbusse unterwegs: in Solingen, Eberswalde und Esslingen. In der Schweiz dagegen gibt es inzwischen sogar einige Linien mit Oberleitungs-Doppelgelenkbussen.

Oberleitungs-Doppeldeckerbus in Harburg, 1954

Mehr Komfort und geringere Kosten – durch Luft

Eine wichtige technische Neuerung hielt ab 1958 Einzug in Hamburg: Busse des Typs Magirus-Deutz Saturn II, die mit einer neuartigen Luftfederung ausgestattet waren, schwebten förmlich über die Straßen. Die Luftfederung bewirkte, dass die Fahrzeuge auch bei wechselnder Belastung immer die gleiche Höhe behielten, und reduzierte die Neigung in Kurven, sodass die Busse weniger schaukelten – eine Wohltat für Fahrer und Fahrgäste. Im Heck der Busse befand sich ein luftgekühlter 6-Zylinder-Dieselmotor mit 125 PS.

Als einer der ersten Verkehrsbetriebe Deutschlands, die den Magirus-Deutz Saturn II auf die Straße brachten, nutzte die HOCHBAHN die Gelegenheit, weitere Verbesserungsideen anzubringen: Hierzu gehörten Themen wie Federung, Heizung, Liniennummern und Fahrzielanzeigen. Die HOCHBAHN-Techniker stimmten diese Ideen mit dem Verband Öffentlicher Verkehrsbetriebe (VÖV) und dem Hersteller ab, der in den Nachfolgemodellen einen Großteil dieser Anregungen umsetzte.

Die Fahrgäste nahmen die neuen Busse sehr gut an und lobten besonders die Federung. Umfragen ergaben aber auch noch weitere

Der Innenraum des Magirus-Deutz Saturn II, 1958

Prototyp des Magirus-Deutz Saturn II, Typ Hamburg mit selbsttragender Karosserie, 1959

Verbesserungswünsche, und die HOCHBAHN bemühte sich, diese in den Nachfolgemodellen zu berücksichtigen. So wurden beispielsweise die Sitze neu konstruiert, weil viele Fahrgäste sie als unbequem empfanden. Die Fahrgastzahlen stiegen derweil rasant an: 1960 beförderten die Busse der HOCHBAHN bereits 76 Millionen Hamburger und Touristen – mehr als doppelt so viele wie noch 1954.

Bis Ende der sechziger Jahre bestand ein Großteil der Hamburger Busflotte aus Fahrzeugen vom Typ Magirus-Deutz Saturn II. Aufgrund dieser Konzentration konnte die HOCHBAHN nicht nur in der Beschaffung von deutlichen Rabatten profitieren. Auch organisatorisch wurde dadurch einiges einfacher: Fahrer und Techniker mussten sich nicht mehr so oft umgewöhnen, und für Reparaturfälle mussten nicht mehr so viele unterschiedliche Ersatzteile vorgehalten werden.

City- und Schnellbus

In der Wirtschaftswunderzeit nach dem Zweiten Weltkrieg nahm die Motorisierung in Deutschland stark zu. Der dichte Verkehr auf den Straßen der Hamburger Innenstadt floss so zäh, dass die schienengebundene Straßenbahn kaum noch durchkam und sich mit durchschnittlich nur noch 10 Stundenkilometern voranquälte. Als schneller Liniendienst in der Innenstadt sollte der „Citybus" 1958 die Autofahrer dazu bewegen, auf den öffentlichen Nahverkehr umzusteigen. Er fuhr im Fünf-Minuten-Takt auch an die größeren Parkhäuser am Rand der Innenstadt sowie an das Heiligengeistfeld und schuf so ein modernes Park+Ride-System. Ein Einheitsfahrpreis von 50 Pfennig sollte dafür sorgen, dass sich der Ein- und Aussteigevorgang beschleunigte. Die insgesamt 18 eingesetzten Citybusse waren kleine und wendige Mercedes-Benz-Fahrzeuge vom Typ O 319 D. Sie hatten einen Vier-Zylinder-Dieselmotor mit 43 PS (32 kW) und boten bei einer Gesamtlänge von nur 4,82 Metern 13 Sitz- und 5 Stehplätze. Die Dachrandverglasung machte nicht nur die Busse unverwechselbar, sondern die Fahrt durch die Stadt zu einem besonderen optischen Erlebnis.

Trotz aller Attraktivität ging der Plan jedoch nicht auf. Gerade an den Parkhäusern wurden die Citybusse am wenigsten frequentiert, sodass sie diese bereits nach neun Monaten nicht mehr anfuhren. Diese Umstellung konnte die Idee des Citybusses allerdings auch nicht mehr retten: Nur anderthalb Jahre nach dem Start mussten die Linien wieder eingestellt werden. Die Fahrzeuge verkehrten fortan auf weniger stark frequentierten Vorortlinien.

Citybus MB O 319 D am Rödingsmarkt, um 1958

Eine weitere Neuerung aber hatte Bestand: Ab 1959 gab es im Busbetrieb keine Schaffner mehr. Im „Einmannbetrieb", der seit 1950 nach und nach in allen Bussen eingeführt worden war, saß der Fahrer nicht nur am Steuer des Busses, sondern kassierte auch das Fahrgeld. Mit der Einführung von Monatskarten für Vielfahrer wollte die HOCHBAHN die Einstiegszeit an den Haltestellen verkürzen, zudem gab es Fahrmünzen für die Citybusse oder „Fahrstreifen" mit Rabatt. Um den öffentlichen Nahverkehr zu stärken, hauchte sie zudem einer alten Idee neues Leben ein: Die Vorkriegsschnellbuslinien waren zwar im Zweiten Weltkrieg eingestellt worden, doch die Idee, schnelle Busverbindungen aus den Außenbereichen direkt in die Innenstadt anzubieten, hatte die HOCHBAHN damit nicht aufgegeben. So nahm das Konzept am 30. Oktober 1955 mit der Linie 36

1950 begann der „Einmannbetrieb"

wieder Fahrt auf. Sie führte von Blankenese über Altona und die Innenstadt bis nach Winterhude und wurde so gut angenommen, dass bald weitere Schnellbuslinien folgten. Für die schmalen, kurvigen und steilen Straßen in Blankenese setzte die HOCHBAHN wendige Kleinbusse ein. Ohne diese „Bergziegen" wäre dort bis heute überhaupt kein Linienbetrieb möglich.

Der gebrochene Verkehr: U-Bahn und Bus ersetzen Straßenbahn

Mit einer Denkschrift hatte der Senat 1954 eine grundlegende Änderung des öffentlichen Personennahverkehrs in Hamburg beschlossen: Schnellbahnen sollten möglichst viele Straßenbahnlinien ersetzen, und auf den Straßen sollte der stetig zunehmende Individualverkehr Vorrang haben. Die Straßenbahn war zu wenig flexibel und beschnitt die Autofahrer mit ihrem Credo „Freie Fahrt für freie Bürger". Nach einem weiteren Beschluss von 1958 sollten innerhalb von 20 Jahren sämtliche Straßenbahnen stillgelegt werden, beginnend im Mai 1959 mit der Linie 13 von St. Pauli nach Rönneburg und der

„Doppelter Einstieg" im Einmannbus, 1964

Bus-Umsteigeanlage in Wandsbek, 1964

Linie 17 von Altona nach Langenfelde. Investitionen in das Straßenbahnnetz stellte der Senat weitgehend ein. Weil jedoch die finanziellen Mittel allgemein knapp waren, ging der Ausbau des Schnellbahnnetzes im Gegenzug nicht voran wie geplant. An stark frequentierten Strecken wurden deshalb Buslinien eingerichtet, die die Zubringerfunktion zu den Schnellbahnhaltestellen übernahmen sowie in den Außenbereichen wichtige Querverbindungen bedienten.

Dieses Konzept erforderte an den zentralen U-Bahn-Haltestellen großzügige Umsteigeanlagen für den Busverkehr. Hier waren technische Lösungen gefordert, um sicherzustellen, dass alle Busse die richtige Haltebucht ansteuerten und fahrplangemäß weiterfahren konnten. 1962 wurde die damals modernste Anlage am Wandsbeker Markt eröffnet. Hier bediente ein „Dirigent" aus einem Glasturm Ampelsignale, nach denen sich die Busfahrer richten mussten. Über einen Lautsprecher konnte er mit den Fahrern Kontakt aufnehmen, falls es doch einmal zu Missverständnissen kam. Im selben Jahr wurde auch der Sprechfunkverkehr zwischen den Disponenten auf den Bus-Umsteigeanlagen und den Bussen eingerichtet.

Disponent an der Umsteigeanlage Wandsbek, 1964

Exkurs: Fahrzeugwerkstätten Falkenried GmbH (FFG)

Im Jahr 1892 begann an der Straße Falkenried in Eppendorf mit dem Bau von Straßenbahnwaggons für Städte im In- und Ausland die Geschichte der heutigen Fahrzeugwerkstätten. Sie gehörten damals noch zur Straßeneisenbahngesellschaft SEG. Mit der Gründung der Hamburger Hochbahn AG im Jahr 1911 wurden hier auch die ersten Wagen für die Hoch- und Untergrundbahn gebaut. 1918 übernahm die HOCHBAHN die SEG.

1968 gründete die HOCHBAHN eine eigene Tochtergesellschaft: die FFG Fahrzeugwerkstätten Falkenried GmbH. Bereits mit der Konzeptentwicklung des Standard-Linienbusses konzentrierte sich die FFG auf Instandhaltung, Bau und Erprobung von Linienbussen. Sie übernahm umfassende technische Dienstleistungen für die HOCHBAHN: Sie reparierte und wartete die Busse und technische Anlagen wie Aufzüge und Fahrtreppen. Ab 1996 übernahm sie die kompletten Busbetriebswerkstätten der HOCHBAHN.

Als zweites Standbein passte sich die FFG den Erfordernissen des Marktes an und entwickelte zum Beispiel seit den achtziger Jahren Spezialfahrzeuge wie Hubwagen für die Versorgung von Flugzeugbordküchen und Fährschiffen. 1999 zog die FFG von Eppendorf nach Hummelsbüttel. Auf dem dortigen Betriebshof war dafür eigens ein neues Verwaltungsgebäude errichtet und die Werkstatt erweitert worden.

Bus der Linie 61 an der Hammer Kirche, 1967

Das große Ganze: Standard-Linienbusse

Der Standard-Linienbus I: Konzept und Umsetzung in Hamburg

In den Stadtverkehren Deutschlands waren bis in die späten fünfziger Jahre hinein Busse unterschiedlicher Hersteller im Einsatz. Im Grunde waren sie nichts anderes als umkonstruierte Lkw. Deshalb konnten sie nur relativ wenige Fahrgäste aufnehmen, wirkten klobig und waren wenig komfortabel. Weil die Hersteller jeweils auch noch verschiedene Modelle im Angebot hatten, mussten sich die Verkehrsunternehmen in ihren Werkstätten mit sehr vielen Typen auskennen und ein entsprechend umfangreiches Sortiment an Ersatzteilen vorhalten.

Während sie mit den Herstellern die Verbesserungsvorschläge für die Einzelkomponenten der Fahrzeuge abstimmte, regte die HOCHBAHN 1959 erstmals an, gemeinsam einen einheitlichen Stadtbus zu entwerfen, um gleich mehrere Fliegen mit einer Klappe zu schlagen: Mit einem solchen Standardbus könnte man Beschaffung, Wartung und Reparatur für die Betreiber vereinfachen und dabei gleich die Innenausstattung so gestalten, dass die Fahrt für Fahrer und Fahrgäste bequemer und angenehmer würde. Auch sollten künftig mehr Fahrgäste befördert werden können.

Längere Zeit tat sich hier nichts. Einen neuen Impuls gab die HOCHBAHN daher 1966 mit einem Ideenwettbewerb. Es sollte ein „Traumbus" entwickelt werden, der den Richtlinien des Internationalen Verbandes für Öffentliches Verkehrswesen (UITP) entsprechen und als einheitlicher Stadtbus für ganz Europa den höchstmöglichen Komfort für die Fahrgäste bieten sollte. Den ersten Platz teilten sich ein Hamburger und ein Ulmer Modell. Bei der Preisverleihung erklärte der Hamburger Bausenator Büch: „Der Hamburger Entwurf ist in technischer Hinsicht voll ausgereift, während der Ulmer Entwurf in der Formgebung zu einer harmonisch schönen Linienführung gekommen ist."

Modell des Standard-Linienbusses, 1967

Um die Ideen weiterzuentwickeln, richtete der VÖV im Oktober 1966 einen Arbeitskreis ein, in dem die spätere FFG eine maßgebliche Rolle spielen sollte. Dieser Arbeitskreis entwickelte Standards für einen Linienbus, die alle beteiligten Hersteller bei der Planung neuer Modelle berücksichtigten. Die Techniker vom Falkenried bauten das erste maßstabsgerechte Modell, und bereits 1967 standen drei Prototypen der Hersteller Mercedes-Benz, Magirus-

Standard-Linienbus von Büssing, um 1968

Bustechnik im Wandel der Zeit | 107

Schnellbus Büssing Präfekt 11 auf der Mönckebergstraße, 1969

Deutz und Büssing auf dem Hof am Falkenried. Der neue Standard-Linienbus war 11 Meter lang, 2,5 Meter breit und hatte 44 Sitzplätze. Viele Einzelkomponenten wie die Fensterscheiben, die Türen oder die Anordnung der Sitze waren damit festgelegt, was für beide Seiten Vorteile bot: Die Hersteller konnten auf Standardteile aus der Serienfertigung zurückgreifen, und die Busbetreiber mussten deutlich weniger unterschiedliche Ersatzteile bevorraten.

Diesem Meilenstein der Entwicklung waren viele Untersuchungen über optimale Lösungen vorausgegangen. Der Fahrerarbeitsplatz war vom Max-Planck-Institut nach neuesten Erkenntnissen der Medizin und Arbeitstechnik entwickelt worden und bot deutlich mehr Komfort als seine Vorgänger: Der Fahrersitz war anatomisch geformt und gefedert sowie in Höhe, Längsrichtung, Neigung und Federhärte individuell anpassbar. Zudem erleichterte eine Servolenkung den Fahrern die Arbeit. Die Fahrgäste konnten sich in und mit den neuen Bussen leichter zurechtfinden, etwa weil die Anzeige der Endhaltestelle sich erstmals bei allen Bussen an derselben Stelle befand. Im Bereich des hinteren Einstiegs war zudem genügend Platz für zwei Kinderwagen. Die Einstiegsstufen waren vom Batelle-Institut e. V. in Frankfurt untersucht und daraufhin flacher gestaltet worden, um den Einstieg zu erleichtern. Die reflexarme Frontscheibe und die Rückspiegel-Ausführungen entwickelte das Institut für medizinische Optik der Universität München.

Noch im selben Jahr startete die HOCHBAHN erste Versuche mit den Prototypen, und 1968 begannen die verschiedenen Fahrzeughersteller mit der Serienproduktion des ersten Standard-Linienbusses – und mit ihr eine Erfolgsgeschichte: In den folgenden zehn Jahren wurden weltweit über 12 000 dieser Fahrzeuge gefertigt. Kein Wunder – waren doch allein in Hamburg, nicht zuletzt wegen der Umstellung von Straßenbahnen auf Busbetrieb, die Fahrgastzahlen bei den Bussen explosionsartig angestiegen: von 22 Millionen im Jahr 1950 auf gut 105 Millionen nur 12 Jahre später. Busse wurden dringend gebraucht und stetig technisch weiterentwickelt. Der Bund förderte deshalb zwischen 1972 und 1978 die technische Entwicklung von Bussen und Bahnen im Rahmen des Programms „Forschung und Entwicklung für den öffentlichen Nahverkehr" mit einem Volumen von 370 Millionen Mark. In zwei wichtigen Projekten setzte die HOCHBAHN dabei abermals zusammen mit der FFG Maßstäbe für die Zukunft: beim Schub-Gelenkbus und beim sogenannten VÖV-Bus II.

Der Schub-Gelenkbus mit Knickwinkelsteuerung

Gelenkbusse waren eigentlich keine neue Erfindung – einige Hersteller hatten sie schon seit Jahren im Programm –, doch erfreuten sie sich keiner größeren Nachfrage. Die vorhandenen Kapazitäten „normaler" Busse hatten bislang für den Liniendienst ausgereicht. Als jedoch in Hamburg auch stärker frequentierte Straßenbahnlinien ein- und auf Busbetrieb umgestellt wurden, brauchte die HOCHBAHN Fahrzeuge mit einer höheren Kapazität. Zusammen mit der FFG arbeitete sie an einer Lösung, die ein Meilenstein in der Bustechnik werden sollte.

Im Beisein des Bundesforschungsministers Hans Matthöfer stellten beide Unternehmen das Ergebnis 1975 auf dem Gelände am Falkenried vor: den Prototypen des ersten Schub-Gelenkbusses. Matthöfer formulierte bei dieser Gelegenheit die Zielrichtung des Entwicklungsprogramms: Ein Gesamtverkehrssystem sollte entstehen, das Wohnen und Leben in Städten deutlich verbessern würde. Bei einer Länge von 17 Metern, mit 2,5 Metern Breite und einem

Vorstellung des Schub-Gelenkbusses, 1975

Gesamtgewicht von über 23 000 Kilogramm bot der neue Gelenkbus 113 Steh- und 57 Sitzplätze. Die Phoenix-Werke in Hamburg-Harburg hatten einen speziellen Niederquerschnittsreifen entwickelt. Dessen Außendurchmesser von 830 statt bis dahin 1 050 Millimetern hatte es ermöglicht, den Fahrzeugfußboden niedriger zu konstruieren. Gegenüber dem Standard-Linienbus I, dessen Fußboden 74 Zentimeter hoch war, konnten hier ganze 20 Zentimeter eingespart werden. Die Einstiegshöhe verringerte sich um eine Stufe auf nun zwei Stufen von je 20 Zentimeter Höhe. Der Bus war mit einem Automatikgetriebe ausgestattet, und der Heckmotor beschleunigte ihn auf eine Höchstgeschwindigkeit von 75 Stundenkilometer.

Neu war auch die elektronische Knickwinkelsteuerung mit Knickschutzregelung, die zuvor bei der FFG entwickelt worden war. Dämpfungsregler im Bereich des Gelenks sorgten dafür, dass der Bus am Heck angetrieben werden konnte und sich trotzdem normal fahren und steuern ließ. Selbst bei besonderen Fahrsituationen wie Glatteis brach der vordere Teil

Reifenvergleich: Standardbus, Gelenkbus, VW Golf, 1975

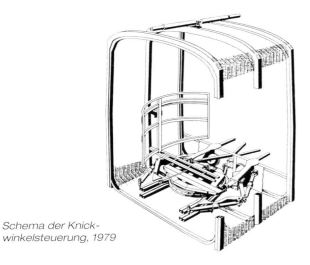

Schema der Knickwinkelsteuerung, 1979

nicht zu den Seiten aus. Bei den Vorgängermodellen war der Dieselmotor unterflurig im Bereich des Vorderwagens angebracht, während der Nachläufer antriebslos war und damit ein wesentlich schlechteres Fahrverhalten aufwies.

Beim neuen Schub-Gelenkbus überzeugten hoher Fahrkomfort, gute Fahreigenschaften und eine hohe Sicherheit die Planer der HOCHBAHN. Und weil der Motor ebenso wie beim zweiachsigen Solobus im Heck angeordnet war, konnte ein Großteil der technischen Ausrüstung übernommen werden. Der Schub-Gelenkbus überzeugte damit auch wirtschaftlich. Einer rationellen Serienproduktion stand also nichts im Weg, und zum Sommerfahrplan 1979 gingen die ersten 25 Schub-Gelenkbusse in Hamburg auf Tour. Sie bedienten die Linie 102 zwischen Hauptbahnhof/ZOB und Niendorf/Schnelsen. Neu und für die Fahrgäste gewöhnungsbedürftig war, dass sie die hinteren beiden Türen mit einem Knopfdruck selbst öffnen konnten u nd dass sich diese nach einigen Sekunden selbsttätig schlossen, wenn sich niemand mehr im Türbereich befand. Lichtschranken und Reversiereinrichtungen sorgten außerdem dafür, dass sich die Türen bei Widerstand selbsttätig wieder

öffneten. Die neuen Fahrzeuge bewährten sich schnell. Schon Ende 1979 schaffte die HOCHBAHN zehn weitere Schub-Gelenkbusse an und setzte sie auf der Linie 105 vom Hauptbahnhof nach Wilhelmsburg, der 108 zwischen Rödingsmarkt und Borgweg und auf der Linie 164 von Wandsbek Markt nach Rahlstedt ein.

Die Linie 102 – inzwischen MetroBus-Linie 5 genannt – war 2006 erneut Schauplatz einer Premiere in Sachen Gelenkbus: Nach zweijähriger Erprobungsphase setzte die HOCHBAHN auf dieser meist frequentierten Buslinie Europas erstmals Doppelgelenkbusse ein. Die Linie führt durch die Innenstadt und an der Universität vorbei und befördert täglich mehr als 60 000 Fahrgäste. Die Taktfrequenz lag vorher bereits bei drei bis vier Minuten und ließ sich nicht weiter erhöhen, sodass neue Konzepte gefragt waren. Ein XXL-Bus mit zwei Gelenken

Unter dieser Drehscheibe liegt die Knickwinkelsteuerung, 1979

Ein VÖV-Bus II am Rathausmarkt, 1979

Der VÖV-Bus II

Das zweite Projekt war die Weiterentwicklung des erfolgreichen Standard-Linienbusses zum VÖV-Bus II. Vom Bundesforschungsministerium beauftragt, stellten HOCHBAHN und FFG dieses Fahrzeug im Mai 1976 vor. Zu den auffallendsten Verbesserungen gehörte nicht nur der neue Einstieg mit zwei statt drei Stufen mit je 20 Zentimeter Höhe, sondern auch das überarbeitete Innenleben: Der Fahrgastraum war höher, sodass auch größere Fahrgäste sich gut darin bewegen konnten. Die Fenster waren doppelt verglast und beschlugen nicht mehr. Die Beleuchtung war ebenfalls verbessert worden, und der Fahrer saß nun in einer halb offenen, durch Kunststoffwände abgeschirmten Kabine.

Wie schon der Niederflur-Gelenkbus, hatte auch der VÖV-Bus II kleinere Reifen, sodass er deutlich niedriger gebaut werden konnte. Für den nötigen Antrieb sorgte ein OM-407h-Dieselmotor von Daimler-Benz, der es bei 2 200 Umdrehungen pro Minute auf 210 PS (154 kW) brachte – gegenüber 180 PS (132 kW) beim Standard-Linienbus I.

Störungen und Mängel sollten in einem „Gedächtnis" aufgezeichnet werden und einer vorbeugenden Fahrzeug-Instandhaltung dienen. 1979 begann der Probebetrieb der Prototypen, die die FFG für Mercedes-Benz gefertigt hatte, bei der HOCHBAHN und anderen deutschen Verkehrsbetrieben. 1984 ging der Mercedes-Benz O 405 als Standard-Linienbus II in Serie. Dessen Eigenschaften boten für Fahrer, Fahrgäste und Verkehrsbetriebe nochmals deutliche Verbesserungen. Dazu gehörten anatomisch geformte Einzelsitze und

ist stolze 25 Meter lang und bietet Platz für bis zu 180 Fahrgäste. Damit kann er rund 150 Pkw ersetzen, die häufig nur mit einer oder zwei Personen besetzt auf Hamburgs Straßen unterwegs sind. Der Energieverbrauch pro Kopf ist damit im Doppelgelenkbus extrem niedrig.

Den nahe liegenden Gedanken an Doppeldeckerbusse für den Linienverkehr hatte die HOCHBAHN schon sehr früh verworfen: Ab 1928 fuhren solche Busse auf der Strecke von Alt-Rahlstedt nach Eimsbüttel. Dabei entpuppten sich jedoch die vielen Bäume und Brücken in Hamburg als Problem. Immer wieder gab es Behinderungen, sodass an einen großflächigen Einsatz nicht zu denken war. 1955 wurden die letzten dieser Fahrzeuge aus dem Linienbetrieb ausgemustert. Heute sind Doppeldeckerbusse in Hamburg nur noch als Touristenbusse in der Innenstadt unterwegs.

Der Dieselmotor OM 407 im Heck des VÖV-Bus II, 1976

größere Informationsanzeigen. Der Motorraum war zusätzlich schallisoliert, und eine optimierte Heizungsanlage sorgte dafür, dass sich die warme Luft innerhalb des Fahrgastraums und am Fahrerarbeitsplatz besser verteilte. Dank eines neu entwickelten 6-Zylinder-Reihen-Motors mit 150 kW (204 PS) und eines verbesserten Antriebsstrangs reduzierte sich außerdem der Verbrauch, sodass die Betriebskosten deutlich gesenkt werden konnten. Die gesamte Technik war verschleißärmer, und weil viele Komponenten vom Hersteller servicefreundlich angeordnet waren, reduzierte sich auch der Wartungsaufwand. Der Fahrerarbeitsplatz wurde gegenüber dem Vorgängermodell optimiert – unter anderem saß der Fahrer nun in einer Kabine, die ihn besser vor Zugluft schützte als der Vorhang aus früheren Modellen.

Weitere Meilensteine: Niederflurfahrzeuge und der Citaro

Basierend auf den Erfahrungen vom VÖV-Bus II erprobte die HOCHBAHN 1990 einen neuen Fahrzeugtyp, den Mercedes-Benz O 405 N, dessen Wagenboden nur 32 Zentimeter hoch war. Bereits ein Jahr später ließ sich er sich bei neuen Modellen zur Einstiegsseite auf 24 Zentimeter absenken – „Kneeling", also „Hinknien" genannt. Der Fahrer konnte zusätzlich eine Rampe ausfahren, sodass zum Beispiel Rollstuhlfahrer ohne fremde Hilfe in den Bus gelangen konnten. Die Niederflurbusse wurden in den folgenden Jahren schrittweise eingeführt. Zusätzlich werden die Haltestellen-Bord-

Die ersten Niederflurbusse mit absenkbarem Wagenboden und ausfahrbarer Rampe, 1991

steine nach und nach auf eine einheitliche Höhe von 16 Zentimetern gebracht, sodass der Höhenunterschied zwischen Bordstein und Fahrzeug nur noch acht Zentimeter beträgt. Der Mercedes-Benz O 405 N war mit einem 157 kW (214 PS) starken Motor mit Vier-Gang-Automatikgetriebe ausgerüstet und verfügte bei einer Länge von 11,91 Metern über 38 Sitz- sowie 68 Stehplätze. Schon ein Jahr später setzte die HOCHBAHN den ersten, gut sechs Meter längeren Gelenkbus mit dieser neuen Niederflurtechnik ein.

Die Niederflurfahrzeuge des Typs Mercedes-Benz O 405, ob nun Solo- oder Gelenkbus, verbanden Komfort und Funktionalität. Der Unterflurmotor saß geräuschgekapselt auf einem Gummilager, das die Vibrationen abfing, und war so im Fahrgastraum kaum zu merken. Große Fenster sorgten für einen guten Ausblick. Seit 2002 sind sämtliche Busse der HOCHBAHN Niederflurfahrzeuge.

Der damals modernste Bus der Welt war 1997 auf Hamburgs Straßen unterwegs: Der erste Mercedes-Benz „Citaro" O 530 wurde von vornherein als Niederflurfahrzeug konzipiert. Er hatte an allen Achsen Scheibenbremsen und verfügte über ein Antiblockiersystem sowie eine elektropneumatische Bremsregelung. Die Elektronik überwachte ständig die Funktion der Bremsanlage, und die gesamte Technik war wartungs- und umweltfreundlicher als je zuvor. Darüber hinaus hatte der Citaro neue Belüftungssysteme, die es schafften, einen gleichmäßigen Luftaustausch zu erzeugen, der aber keinen unangenehmen Zug verursachte. Inzwischen ist der Citaro in neuen Generationen weiter modernisiert und im Design verändert worden. Front und Heck wurden überarbeitet und etwas runder gestaltet. Im Jahr 2006 wurde die zuvor verwendete starre Vorderachse durch eine Einzelradaufhängung ersetzt, was den Federungs- und Fahrkomfort noch einmal deutlich steigerte. Ab dem Baujahr 2000 waren alle Solo-, Gelenk- und Doppelgelenkbusse in Hamburg ab Werk mit einer leistungsfähigen Klimaanlage ausgestattet.

Seit Sommer 2011 ist abermals ein neues Bus-Zeitalter angebrochen. Die ersten Busse des C2, des Nachfolgemodells des Citaro, sind zur Erprobung im Einsatz.

Kommunikation und Automatisierung

Vom Sprechfunkverkehr zum RBL

Nicht nur die Fahrzeugtypen veränderten sich und wurden weiterentwickelt. Die HOCHBAHN passte auch die Kommunikationstechnik der Busse laufend dem jeweils aktuellen Stand der Technik und ihren eigenen Bedürfnissen an. Auch hier setzten Systeme, die sie zusammen mit der Industrie entwickelte, Maßstäbe.

Funkmast in Wandsbek, 1964

So ging die HOCHBAHN ab 1963 völlig neue Wege in der Kommunikation, indem sie den Sprechfunkverkehr zwischen den Disponenten an den Umsteigeanlagen und den Bussen einführte. Dafür baute sie

Disponent mit Druckerschreiber in der Zentrale im Hochbahnhaus, 1965

zehn Meter hohe Antennen als Feststationen mit einer Reichweite von 12 bis 15 Kilometern. In den Bussen gab es außerdem Bordlautsprecher, mithilfe derer die Busfahrer Durchsagen an die Fahrgäste richten konnten. Zunächst betraf diese Neuerung nur die 130 Busse, die die Umsteigeanlage Wandsbek Markt anfuhren. Gerade in den Spitzenzeiten, in denen hier alle 29 Sekunden ein Bus ankam und alle 37 Sekunden einer abfuhr, war der Sprechfunkverkehr ein wertvolles Steuerungsinstrument. Von seiner Kanzel auf der Umsteigeanlage aus hatte der Disponent so alle Busse im Griff, die die Anlage anfuhren oder verließen, und konnte wie ein Orchesterleiter den Busverkehr „dirigieren".

Schon bald danach setzte die HOCHBAHN das System in allen Bussen ein. Die Fahrer meldeten Staus und Störungen an die Disponenten, die wiederum die folgenden Busse informierten und Umleitungen empfahlen. Fiel ein Bus aufgrund eines Schadens aus, konnte der Disponent umgehend einen Ersatzbus auf den Weg schicken. Über die Funkverbindung zur Leitstelle konnten die Busfahrer außerdem im Notfall schnell Hilfe organisieren – Handys gab es schließlich noch nicht.

Ziel der HOCHBAHN war es, das Sprechfunksystem zeitnah durch ein Busüberwachungssystem zu ergänzen. Schon 1965 führte sie als weltweit erstes Unternehmen die automatische Standortermittlung ein. Diese startete mit den Schnellbuslinien sowie einigen Stadtbussen auf den Linien 111 und 112. In regelmäßigen Abständen meldeten die Busse automatisch per Funk ihren genauen Standort an die zentrale Leitstelle, in der die Meldungen gesammelt und in einen Bild-Fahrplan eingedruckt wurden. Der Drucker zeichnete den tatsächlichen Fahrtverlauf auf, der mit dem gewünschten Verlauf hinterlegt war. Eine Art Diagramm zeigte den Ablauf der Strecke im Verhältnis zur Zeit. So konnte die Leitstelle Unregelmäßigkeiten schnell erkennen und über den Sprechfunk gegensteuern.

Das neue System sollte die Fahrer nicht zusätzlich belasten, schließlich hatten sie seit 1950 mit dem Verkauf der Fahrkarten bereits Aufgaben des Schaffners übernommen. Sie brauchten bei Fahrtantritt nur die Kursnummer am Systemgerät im Bus einzustellen, den Rest erledigte das Gerät selbst: Alle zwei Minuten fragte

Ortscodesender, 1965

die Zentrale den aktuellen Standort ab, den das Gerät laufend neu errechnete. Entlang der Linien waren dazu am Straßenrand Ortscodesender installiert. Diese Sender waren nur schwach, die Signale sendeten also nur auf kurze Entfernung. Wann immer ein Bus direkt daran vorbeifuhr, teilte der Sender dem Systemgerät im Bus mit, dass er diesen Punkt passiert hatte. Diese Information speicherte das Gerät bis zum nächsten Sender. Zusätzlich bekam es vom Tachometer die Information, welche Wegstrecke der Bus seit dem letzten Sender zurückgelegt hatte. Beide Informationen zusammen ergaben den Standort des Busses, den das Gerät an die Zentrale meldete. Die Datengeschwindigkeit betrug übrigens 300 Bit pro Sekunde. Da die Antwort aber auch nur 29 Bit groß war, brauchte sie nur etwa eine Zehntelsekunde. Dieses System hatte die HOCHBAHN gemeinsam mit Philips entwickelt.

Sendeanlage im Bus, 1965

Bis 1968 rüstete die HOCHBAHN darüber hinaus rund 300 Busse mit Fahrgastzählgeräten aus. Mit diesem System, das sie gemeinsam mit der Firma Prodata aus Hamburg entwickelt hatte, konnte sie auch die Auslastung der Busse erkennen. So gewann sie wichtige Informationen für die Erstellung künftiger Fahrpläne: Auf stark frequentierten Strecken erhöhte sie beim Fahrplanwechsel die Taktung oder setzte mehr Fahrzeuge ein, um ihren Fahrgästen stets einen zuverlässigen, pünktlichen öffentlichen Nahverkehr ohne unnötige Wartezeiten bieten zu können.

Das Datenfunksystem wurde 1978 durch das rechnergesteuerte Betriebsleitsystem (RBL) ersetzt, das alle 250 Busse auf 35 Linien in der Innenstadt überwachte. Die mit dem RBL ausgestatteten Busse standen nun per Funk im ständigen Dialog mit dem Hauptrechner in der Busleitstelle. Hier konnte der Disponent den tatsächlichen Standort aller Busse ablesen, auf einem Bildschirm mit dem Soll-Fahrplan abgleichen und so Abweichungen früh erkennen und auf sie reagieren. Zudem wurde der gesamte Betriebsablauf gespeichert und ließ sich so später in allen Einzelheiten auswerten. Grundlage waren die auf Magnetplatten gespeicherten Fahrpläne aller Busse, aus denen der Hauptrechner eine Tabelle mit allen eingesetzten Fahrzeugen erstellte.

Vor Fahrtantritt stellte der Fahrer im RBL-Gerät des Busses die Linien- und Kursnummer ein, um das Fahrzeug zu identifizieren. Das RBL funkte nun automatisch alle 30 Sekunden die

Busse an, um deren Standort abzufragen. Dieser ergab sich aus dem per Tachometer gemessenen Abstand vom letzten passierten Ortscodesender. Der Bus übermittelte automatisch seinen Standort in Form eines kurzen Antwortsignals an die Leitstelle. Dieses System verschaffte den Disponenten einen umfassenden Überblick über den Busbetrieb, mit dem sie schneller und gezielter als zuvor bei Störungen und Verspätungen in die Betriebslenkung eingreifen konnten. Durch das RBL verbesserten sich die Pünktlichkeit des Busverkehrs und der bedarfsgerechte Einsatz der Verstärkerfahrzeuge erheblich.

FIMS: Betriebslenkung und Fahrgastinformationen verknüpft

Im Zuge der Neugestaltung der Leitstelle im Hochbahnhaus 1986 wurde auch das rechnergesteuerte Betriebsleitsystem modernisiert. Um die Nutzung von Bus und U-Bahn für Fahrgäste noch komfortabler zu machen, führte die HOCHBAHN zu dieser Zeit das Anschlusssicherungssystem (ASS) ein. Dieses System berechnete im Voraus, wann eine U-Bahn die Haltestelle erreichen und wie lange die Fahrgäste brauchen würden, um vom Bahnsteig zum Bus zu gehen. Aus diesen Daten errechnete es, ob der Bus zum Beispiel auf eine verspätete U-Bahn warten konnte, ohne dadurch weitere Anschlüsse zu gefährden. Wenn das möglich war, erhielt der Fahrer eine entsprechende Anzeige an der Haltestelle, die das System in der Regel automatisch generierte. Die Fahrgäste konnten so ihre Anschlüsse bequemer erreichen, und die Nutzung von Bus und Bahn wurde deutlich erleichtert.

Den nächsten Schritt in Sachen Nutzungskomfort und Fahrgastinformation machte die HOCHBAHN Ende 2001. Er basiert auf dem ASS und den vorher gemachten Erfahrungen im Umgang mit moderner Kommunikationstechnik. Neben einer kurzen Fahrzeit stehen Informationen auf Platz zwei der Wunschliste von Fahrgästen der öffentlichen Verkehrsmittel. Verkehrsbetriebe setzen deshalb zunehmend auf ganzheitliche Kundeninformationssysteme, die eng mit dem Betriebsleitsystem verknüpft sind. Mit FIMS, dem „Fahrgast-Informations- und Management-System", versorgt die HOCHBAHN die Fahrgäste vom Start bis zum Ziel mit Echtzeitinformationen zu Abfahrtszeiten, Verspätungen, Umleitungen oder Anschlüssen.

Seit Dezember 2001 baut die HOCHBAHN diese dynamische Fahrgastinformation auf: Ein integriertes System ersetzt die bisher schon erfolgte Busortung und unterstützt Busbetriebslenkung und das Fahrpersonal. FIMS versorgt die Bushaltestellen an vielen stark frequentierten Umsteigepunkten mit Echtzeitinformationen. Die Leuchttafeln zeigen den Fahrgästen laufend aktualisiert an, wann der nächste Bus abfährt, und informieren darüber hinaus über Störungen und Umleitungen. FIMS ermöglicht außerdem Durchsagen und die Einspielung von Informationen auf die Anzeige im Bus. Die Leitstelle kann sowohl die Lautsprecher im Bus nutzen als auch den Fahrer informieren. Und auch das ASS ist Bestandteil von FIMS: Auf ihrem Display können die Fahrer erkennen, ob sie im Zeitplan sind, ob sie Verspätung haben oder ob sie noch auf die Ankunft einer Bahn oder eines anderen Busses warten müssen.

FIMS an der Haltestelle Bahnhof Dammtor, 2011

FIMS basiert auf einer exakten Satellitenortung (Global Positioning System, kurz GPS) der Busse und der Übermittlung der Daten in die Leitstelle. Die Bordrechner in den Bussen „kennen" den Fahrplan und „wissen" folglich, wo das Fahrzeug zu einer bestimmten Zeit sein sollte. Diese Soll-Daten gleichen sie mit den Informationen über den tatsächlichen Standort ab, die sie aus der Satellitenortung empfangen. Besteht hier eine Abweichung, funkt der Rechner diese zusammen mit dem aktuellen Standort des Busses an die Leitstelle. Dort werden automatisch die tatsächlichen Abfahrtszeiten je Haltestelle aktualisiert und ebenfalls über Funk an die elektronischen Abfahrtsanzeiger an den Haltestellen übermittelt.

Seit dem Jahr 2006 sind zudem alle Busse der HOCHBAHN mit Digitalfunk ausgerüstet.

„Funklöcher" und schlechte Sprachqualität gehören damit der Vergangenheit an.

Wie beschleunigt man Busse im täglichen Verkehrsgewühl?

Die HOCHBAHN nutzte und nutzt die moderne Kommunikationstechnik nicht nur für Fahrgastinformation und Bus-Betriebslenkung. Schon in den frühen siebziger Jahren startete sie erste Versuche, durch spezielle Verkehrsführung und Ampelschaltungen die Fahrzeiten zu verkürzen und das Busfahren schneller und attraktiver zu machen.

Bis 1971 quälten sich die Innenstadtbusse durch die Steinstraße und benötigten für die Strecke zwischen Altmannbrücke und Speersort nicht selten 20 Minuten. Versuchsweise

Um den Busverkehr zu beschleunigen, wurden ab 1971 erste Busspuren gebaut. Wandsbeker Marktstraße, 1975

richtete die Stadt in den Hauptverkehrszeiten separate Busspuren in der Mönckebergstraße zwischen Rathausmarkt und Hauptbahnhof ein. Der Erfolg zeigte sich umgehend: Die Fahrzeit sank auf wenige Minuten. Weitere Busspuren folgten zwischen Dammtorbahnhof und Gänsemarkt – hier teilten sich die Busse anfangs noch die Spur mit der Straßenbahn – sowie in der Wandsbeker Marktstraße. Als 1978 die letzte Straßenbahn in Hamburg ins Depot fuhr, wurden viele der stillgelegten Strecken zu Busspuren umfunktioniert. Im Verlauf der heutigen MetroBus-Linie 5 etwa entstand eine Busspur durch weite Teile der Strecke in Hoheluft, die durch die bereits bestehende Busspur vom Gänsemarkt über die Mönckebergstraße bis zum Hauptbahnhof ergänzt wurde.

Um den Busverkehr weiter zu beschleunigen, wurden Haltebuchten zurückgebaut, denn das Aus- und Einfädeln kostete an jeder Haltestelle wertvolle Zeit, die sich auf der Gesamtstrecke zu mehreren Minuten addierte. Heute wird individuell entschieden, was sinnvoll ist. Viele Bushaltestellen liegen beispielsweise direkt vor Ampeln, hier sind häufig die Haltelinien auf der Fahrspur zurückversetzt, sodass sich die Busse vor dem übrigen Verkehr einfädeln können.

Ampel-Sendeanlage, 1989

Eine weitere Möglichkeit, den Busverkehr zu beschleunigen, ist die Beeinflussung der Ampeln (im Fachjargon „Lichtsignalanlagen", kurz LSA, genannt) durch den Bus. Diese LSA-Beeinflussung ging 1989 auf der damaligen Linie 108 zwischen Mundsburger Brücke und Goldbekplatz in die Probephase. Grundsätzlich sind die Ampelanlagen auf „grüne Welle" für den Autoverkehr geschaltet; weil Busse aber immer wieder halten müssen, können sie von dieser Schaltung nicht profitieren. Ohne die LSA-Beeinflussung müssen sie deshalb überdurchschnittlich häufig bei Rot halten. Bei der LSA-Beeinflussung sind in den Bordcomputern der Busse Meldepunkte gespeichert – also die Orte, an denen ein Funktelegramm an das Steuergerät der Ampel gesendet wird. Die Ampel registriert anhand mehrerer solcher Meldungen, dass ein Bus naht, und schaltet rechtzeitig auf Grün.

Das erste System arbeitete mit sogenannten Infrarot-Baken, die zum Beispiel an Beleuchtungsmasten angebracht waren. Spätere Weiterentwicklungen des Systems, die in Altona und in Wandsbek auf Strecken mit komplexerer Steuerungslogik der Ampelanlagen einge-

Im Bus eingebautes Modul für die rechnergesteuerte Betriebslenkung, 1989

setzt wurden, vergrößerten die Einflussmöglichkeiten der Busse. Im Jahr 2011 startete das Projekt „Busbeschleunigung" auf viel befahrenen Strecken wie den MetroBus-Linien 5 und 6. Dabei sollen Busspuren eingerichtet und die LSA-Beinflussung genutzt werden.

Die nächste Generation der Busbeeinflussung läutete das Fahrgast-Informations- und -Management-System FIMS ein: Es erfasst die Standorte der Busse über GPS. Die LSA-Daten sind im Linienfahrweg gespeichert.

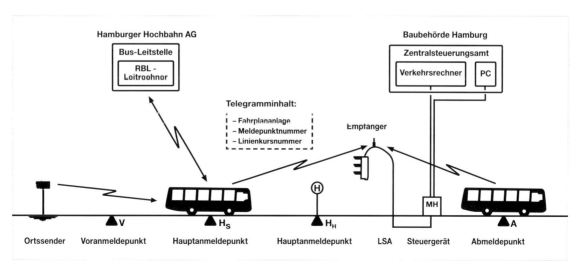

Schema der rechnergesteuerten Betriebslenkung, 1989

Die Crew hinter den Kulissen: der Betriebshof

Wie jeder Verkehrsbetrieb ist auch die HOCHBAHN auf eine verlässliche und zugleich bedarfsgerechte Verfügbarkeit ihrer Linienbusse angewiesen. Besonders in den Spitzenzeiten mit hohem Fahrgastaufkommen benötigt sie zahlreiche Fahrzeuge, und für einen möglichen U-Bahn-Ersatzverkehr mit Bussen soll auf den Betriebshöfen immer eine gewisse Anzahl an Fahrzeugen bereitstehen.

Aufgabe der Werkstätten ist es deshalb, Ausfälle während des Einsatzes weitgehend auszuschließen. Gleichzeitig gilt es, die Instandhaltungsarbeiten zügig, rationell und zum geeigneten Zeitpunkt auszuführen, sodass in den Verkehrsspitzen möglichst wenige Fahrzeuge in der Werkstatt gebunden sind.

Jeder Stadtbus legt pro Jahr durchschnittlich rund 60 000 Kilometer zurück und wird regelmäßig nach genau festgelegten Plänen überprüft.

Wenn die Fahrer technische Störungen feststellen, melden sie diese per Funk an die Leitstelle, die diese Information an die Betriebswerkstatt weitergibt. Die Fachkräfte in den Werkstätten tanken die Busse täglich auf und kontrollieren regelmäßig die Reifen und alle wichtigen Funktionen. Sie sorgen dafür, dass die vorgegebenen Instandhaltungsintervalle eingehalten werden und ausreichend Busse einsatzbereit sind. Während der Standzeiten werden die Fahrzeuge an eine Versorgungssäule für Druckluft sowie Strom für die Standheizung und

Busse auf dem Betriebshof in Wandsbek, 2011

die Batterie angeschlossen. So sind sie sofort einsatzbereit, wenn die nächste Tour beginnt. Sie können so auch schnell eingesetzt werden, falls unterwegs ein anderer Bus einen Unfall oder eine Panne hat. Um im Notfall sofort reagieren zu können, haben auch die FFG-Mitarbeiter eine Fahrberechtigung.

Auch bei der Fahrzeugreinigung ist die HOCHBAHN auf dem neuesten Stand der Technik: Die Bürstenwaschanlagen verfügen über eine Wasserrückgewinnung. Die Busse werden je nach Bedarf und Verschmutzungsgrad gewaschen; sind sie nur leicht verschmutzt, wird für die Reinigung entsprechend wenig Energie verbraucht.

Wenn eine Fahrzeugkomponente beschädigt ist, dann wird sie vor Ort in der Betriebshofwerkstatt getauscht. Beim Hersteller werden die schadhaften Tauschteile wie Getriebe, Motor, Hinterachse oder Druckluftteile aufgearbeitet. Die Hauptwerkstatt übernimmt auch größere Arbeiten wie Lackierungen oder die Erstausrüstung der fabrikneuen Busse.

Nach ungefähr 12 bis 14 Jahren und mehr als 800 000 Kilometern werden die Hamburger Stadtbusse auf dem Gebrauchtmarkt verkauft. Absatzprobleme gibt es nicht: Die Fahrzeuge finden immer Abnehmer, sowohl in Deutschland als auch im Ausland.

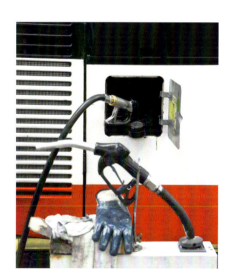

Wartungsarbeiten in Wandsbek, 2011

Moderne Zeiten: Entwicklungen der letzten 20 Jahre

Die HOCHBAHN ist Vorreiter in der Anwendung neuer Techniken und Weiterentwicklungen. Zudem ist sie immer dabei, wenn es darum geht, neue, noch umweltfreundlichere Antriebstechnologien zu testen. 1991 fuhr sie als erstes Busunternehmen in Deutschland mit schwefelarmem Dieselkraftstoff. Der war zwar etwas teurer, entlastete aber die Umwelt. Seit 1998 kommt ausschließlich schwefelfreier Dieselkraftstoff zum Einsatz.

Bereits 1994 war auf der damaligen Linie 102 – der heutigen MetroBus-Linie 5 – ein Erdgasbus im Probebetrieb unterwegs. Nachdem die HOCHBAHN ihre Busse aber bereits mit schwefelarmen Diesel betrieb, entschied sie sich, auf den „Zwischenschritt" des Erdgasantriebs zu verzichten und gleich auf die noch umweltfreundlichere und zukunftsgerichtete

Wasserstoffbusse in der Speicherstadt, 2006

Brennstoffzellen-Technologie zu setzen. In der Vorweihnachtszeit des Jahres 1999 erprobte sie den ersten brennstoffzellenbetriebenen NEBUS (New Electric Bus). Die Erfahrungen waren ausgesprochen positiv. Mit einer einzigen Wasserstoff-Tankfüllung hatte der NEBUS eine Reichweite von 250 Kilometern und bewältigte so leicht das für einen Linienbus übliche Tagespensum.

Im Rahmen der CUTE-Projekte setzte die HOCHBAHN von 2003 bis 2010 erst drei und ab 2007 sogar neun wasserstoffbetriebene Brennstoffzellenbusse ein. Jeweils drei der sechs zusätzlichen Busse übernahm sie dabei aus Stuttgart und Stockholm. Damit hatte sie zeitweise sogar die größte Flotte dieser Art weltweit. CUTE steht für „Clean Urban Transport for Europe" („Sauberer öffentlicher Nahverkehr für Europa"). Jeder Wasserstoffbus war mit zwei Brennstoffzellen-Stacks mit je 960 einzelnen Zellen versehen, die den Wasserstoff in elektrische Energie für den Antrieb des ge-

Die Wasserstofftankstelle auf dem Busbetriebshof Hummelsbüttel

räusch- und vibrationsarmen Elektromotors mit 225 kW Leistung umwandelten.

Die Busse fuhren extrem leise und ruckfrei, der Motor vibrierte nicht. Für die Fahrgäste ein ganz neuer Fahrkomfort, am meisten aber profitierte die Umwelt: Brennstoffzellenbusse stoßen reinen Wasserdampf, aber kein CO_2 oder andere Schadstoffe aus. Das CUTE-Nachfolge-Förderprojekt HyFLEET:CUTE lief von 2005 an weitere zwei Jahre, tatsächlich rollten diese Busse aber bis Sommer 2010 durch die Stadt – seit 2007 ohne Förderung. Langfristiges Ziel der HOCHBAHN ist es, auf fossile Kraftstoffe zu verzichten, ausschließlich Strom aus regenerativen Energien zu nutzen und so einen vollständig schadstoffemissionsfreien öffentlichen Personennahverkehr zu realisieren.

Ein Blick in die Zukunft: Saubere Technologien für Hamburg

Seit März 2010 erprobt die HOCHBAHN neue Dieselhybridbusse vom Modell Mercedes-Benz Citaro G BlueTec Hybrid. Diese sogenannten BusBusse vereinen Dieselmotor und Elektroantrieb. Wie das Wort „hybrid" ausdrückt, kommen bei ihnen zwei verschiedene Energiespeichersysteme (Kraftstofftank und Lithium-Ionen-Batterie) und zwei Energieumwandler (Elektro- und Verbrennungsmotor) zum Einsatz. Der Dieselmotor treibt das Fahrzeug nicht mehr direkt an, sondern wird nur noch zur Stromerzeugung genutzt. Dadurch ist er nicht nur wesentlich kompakter dimensioniert: Im Gegensatz zum konventionellen Busmotor ist beim

Der BusBus vereint Dieselmotor und Elektroantrieb, 2011

Dieselhybridbus der Hubraum von 12 auf 4,8 Liter reduziert. Die Zylinderzahl sank von sechs auf vier, das Motorengewicht von einer Tonne auf 450 Kilogramm. Für die Erzeugung des Fahrstroms wird der verkleinerte Dieselmotor mit konstanter Drehzahl im schadstoffarmen Drehzahlbereich betrieben. Emissionen und Kraftstoffverbrauch reduzieren sich drastisch.

Zudem wird beim BusBus die Bremsenergie genutzt: Beim Bremsen werden die Radnabenmotoren als Generatoren betrieben. Sie erzeugen Strom, der an die Batterie zurückgegeben und dort gespeichert wird – ein Vorgang, den Fachleute als Rekuperation bezeichnen. Die so gespeicherte Energie ergänzt den Energiehaushalt des Busses. Der Motor wird nur dann betrieben, wenn die intelligente Steuerung im Fahrzeug „Energiebedarf" meldet. So kann der BusBus auf Teilstrecken rein elektrisch und somit abgasemissionsfrei fahren.

Der Dieselhybridbus ist ein Zwischenschritt auf dem Weg in die saubere Zukunft der Brennstoffzellenhybridtechnologie. Diese vereint die Vorteile des Dieselhybridbusses mit der Brennstoffzellentechnik. Ebenso wie der Dieselhybridbus hat der Brennstoffzellenhybridbus zwei Energieumwandler – in diesem Fall Elektromotor und Brennstoffzelle – sowie zwei Energiespeichersysteme, nämlich eine Lithium-Ionen-Batterie und Wasserstofftanks, um das Fahrzeug anzutreiben. Der sogenannte Hochvoltzwischenkreis versorgt alle Verbraucher mit Strom, vom Antrieb bis hin zu den Nebenaggregaten wie der Klimaanlage. Er wird durch die Lithium-Ionen-Batterie stets mit Strom versorgt, die wiederum durch das Brennstoffzellensystem geladen wird. Der Hochvoltzwischenkreis gibt aber auch Strom an die Batterie zurück, wenn das Fahrzeug beim Bremsen über die elektrischen Radnabenmotoren Energie zurückgewinnt. Im Vergleich zum reinen Brennstoffzellenbus benötigt der Brennstoffzellenhybridbus Mercedes-Benz Citaro FuelCELL-Hybrid nur knapp die halbe Menge an Wasserstoff, da er sowohl technologisch weiterentwickelt worden ist als auch mit Rekuperation arbeitet, also zusätzlich beim Bremsen Energie zurückgewinnt. Dieser Bus wurde 2009 vorgestellt. Seit Sommer 2011 werden vier Brennstoffzellenhybridbusse bei der HOCHBAHN im Linieneinsatz erprobt.

Schon Busse mit normalem Antrieb bringen gegenüber dem Individualverkehr einen deutlichen Umweltvorsprung. Die HOCHBAHN nimmt unter den Nahverkehrsunternehmen Deutschlands seit langer Zeit eine Vorreiterrolle ein, wenn es um umweltschonende Technologien geht. In den vergangenen Jahrzehnten hat sie sich aktiv in der Entwicklung und Erprobung moderner Konzepte engagiert. Dies wird sie auch in Zukunft tun, damit Hamburg auch für künftige Generationen attraktiv und lebenswert bleibt.

Brennstoffzellenhybridbus der neuesten Generation, 2011

Die HOCHBAHN schläft nie

Ein Streifzug durch das Nachtleben im U-Bahn- und Busbetrieb

Henrik Eßler

Spät in der Nacht, wenn es ruhig wird auf Hamburgs Straßen, erwacht ein anderes Leben: In den Tunneln der U-Bahn herrscht auch in der Betriebspause reges Treiben, ebenso wie auf Haltestellen und Betriebshöfen. Unbemerkt von den meisten Bewohnern der Stadt fängt für viele Mitarbeiter der HOCHBAHN die Arbeit jetzt erst an. Denn zahlreiche Aufgaben können nur erledigt werden, wenn Bahnen und Busse Pause haben. Ein Rennen gegen die Zeit beginnt: Nur drei bis vier Stunden stehen zur Verfügung, um zum Beispiel Bahnsteige zu reinigen, Fahrzeuge zu warten und Gleisarbeiten durchzuführen.

Feierabendverkehr auf der Edmund-Siemers-Allee

„Ohne uns gäbe es morgens ein Chaos."

Es ist später Montagnachmittag in Hamburg, 17.30 Uhr: Auf den Straßen tobt der Feierabendverkehr. Für die meisten Bewohner der Hansestadt neigt sich der Arbeitstag seinem Ende zu. Nicht so für Marco Klemens. Während die meisten seiner Freunde sich bereits auf ihr heimisches Sofa freuen, macht er sich auf den Weg zur Arbeit. Der 33-Jährige ist Vorarbeiter bei der Technischen Reinigungsgesellschaft mbH, kurz TEREG, auch ein Beteiligungsunternehmen der HOCHBAHN. Nacht für Nacht kümmert er sich mit seinen Kollegen darum, dass Busse und U-Bahnen der HOCHBAHN wieder glänzen, wenn sie am frühen Morgen ihre erste Fahrt antreten. „Die Arbeitszeiten sind besonders am Anfang ungewohnt", gibt Klemens zu, „aber man nimmt den neuen Rhythmus schnell an." Seit fünf Jahren ist er in der Nachtschicht auf dem Busbetriebshof Mesterkamp tätig. „Nachtschwärmern wie mir kommt das sogar entgegen", lacht er. Nur die Abstimmung mit Freunden und Bekannten sei nicht immer ganz einfach. „Aber es gibt ja auch ausreichend freie Tage."

In der Vergangenheit waren auch tagsüber Mitarbeiter in der Fahrzeugreinigung beschäftigt. Inzwischen haben sich die Standzeiten auf den Betriebshöfen so weit verkürzt, dass fast alle Arbeiten in der nächtlichen Betriebspause durchgeführt werden müssen. Lediglich für Ausnahmefälle stehen am Tage Mitarbeiter einer Arbeitsgruppe zur Verfügung. Bei außergewöhnlicher Verschmutzung oder nach Notfalleinsätzen rücken sie aus, um die betroffenen Busse und U-Bahnen schnell wieder einsatzfähig zu machen. „Für die Mitarbeiter ist ein Wechsel von Tag- und Nachtschichten ohnehin belastend", sagt Fred Warwas von der Abteilung „Technische Dienstleistungen" der TEREG. „Wir versuchen die Arbeitszeiten so regelmäßig wie möglich zu halten, denn schon aus Sicherheitsgründen ist in allen Bereichen volle Konzentration nötig."

Zwischen 16 und 18 Uhr treten die Mitarbeiter der TEREG auf dem Betriebshof Wandsbek in der Wendemuthstraße ihre Schicht an. 150 Busse sind hier im Einsatz, die jeden Tag auf 33 Linien einen Teil der rund 14 000 Fahrten der HOCHBAHN leisten. Tendenz: steigend. Je nach Wetterlage sind die Spuren an den Fahrzeugen nach Schichtende deutlich sichtbar – innen wie außen. Die Fahrer übergeben die Fahrzeuge auf dem Betriebshof an die TEREG, die einen Großteil der Arbeiten übernimmt. „In den vergangenen Jahren sind immer neue Aufgaben hinzugekommen", erläutert TEREG-Betriebsleiter Marc Liedtke. Vom Umsetzen der Fahrzeuge über die Eintragungen der Tachoblätter bis zur Betankung – all dies gehört zu den Aufgaben der TEREG-Mitarbeiter. Sie füllen auch Kühlmittel, Scheibenwasser und gegebenenfalls Heizöl nach. Die Arbeitsabläufe sind eng mit denen der

Bus-Service von der TEREG

Betriebshofleitung und der FFG verzahnt. „Wir arbeiten in vielen Bereichen Hand in Hand", so Liedtke. Die Betriebsabläufe seien in den vergangenen Jahren immer effizienter gestaltet worden. So werden etwa alle Fahrzeuge auf dem Hof systematisch aufgestellt, um die Betriebsabläufe zu optimieren. Steht nur ein Bus an der falschen Stelle, kann der gesamte Dienstplan durcheinanderkommen. Das weiß Fred Warwas aus Erfahrung. Seit mehr als 20 Jahren ist er auf den Betriebshöfen der HOCHBAHN aktiv. „Ohne uns gäbe es morgens ein Chaos", macht er deutlich. „Schon kleine Unstimmigkeiten können große Auswirkungen haben." Umso wichtiger sei schnelles und flexibles Handeln der Beteiligten. „Fehler lassen sich nie ganz vermeiden. Aber unsere Mitarbeiter sind smart und reagieren selbstständig", lobt Marc Liedtke sein Team.

Auch in den Werkstätten der Betriebshöfe wird es nun, in den Abendstunden, noch einmal hektisch. Zum Schichtende des Buseinsatzes wird klar, welche Fahrzeuge reparatur- oder

Ein Mitarbeiter registriert Servicedaten der Fahrzeuge

Buswerkstatt in Wandsbek

zesse hier immer besser geworden. Seit 1981 erfährt Steffen bei der HOCHBAHN den Fortschritt aus nächster Nähe: „Die modernen Fahrzeuge sind insgesamt weniger wartungsintensiv als ihre Vorgänger und dazu um einiges komfortabler." Letzteres bezieht sich sowohl auf den Komfort für die Fahrgäste als auch auf leicht durchführbare Instandhaltungsarbeiten. Auf Kosten der Sicherheit wird allerdings nicht gespart: Allein viermal im Jahr stehen die TÜV-Prüfungen in den FFG-Werkstätten an. Hinzu kommen allerlei besondere Maßnahmen, die mit den Jahreszeiten wechseln. Ist es im Winter die Heizung, muss im Sommer die Klimaanlage reibungslos funktionieren – genug zu tun also für die rund 20 Mitarbeiter auf dem Betriebshof Wandsbek.

wartungsbedürftig sind. Wenn bei einem Bus beispielsweise der Kraftstoffverbrauch deutlich erhöht ist, so ist dies ein Hinweis auf technische Mängel. In diesem Fall wird das Fahrzeug direkt zur FFG nach Hummelsbüttel gefahren, die seit 1996 alle Instandhaltungsmaßnahmen an den Bussen auf den Betriebshöfen übernimmt. Die Wagenmeister der HOCHBAHN bilden die Schnittstelle zwischen dem HOCHBAHN-Betrieb und den Fahrzeugtechnikern. Auch in den Werkstätten wird regelmäßig bis 23.30 Uhr gearbeitet, eine echte Nachtschicht gibt es dagegen nicht. Für Notfälle, zum Beispiel im Nachtbusverkehr, gibt es in der Hauptwerkstatt Hummelsbüttel eine Bereitschaft. „Trotz des wachsenden Fuhrparks ist der Arbeitsbedarf in Wartung und Reparatur kaum gestiegen", sagt Joachim Steffen, Manager der Betriebshöfe Wandsbek und Mesterkamp. Durch stetige Optimierung sind die Pro-

Nachtschicht für die TEREG

U-Bahn-Reinigung in der Abstellanlage

Bis die U-Bahn wieder glänzt

Ortswechsel: U-Bahn-Haltestelle Barmbek, es ist 0.45 Uhr. Vor wenigen Minuten ist die letzte Bahn abgefahren. Von den elektronischen Anzeigetafeln leuchtet es nun: „Betriebspause. Zwischen 1.30 und 4.30 Uhr kein Zugverkehr. Bitte nutzen Sie das Angebot der Nachtbusse." Fahrgäste, die jetzt noch kommen, haben Pech gehabt oder müssen ausweichen. Auf dem Bahnsteig hat derweil die Arbeit längst begonnen: Seit fast drei Stunden sind Mitarbeiter der TEREG schon damit beschäftigt, Abfall und gröbere Verschmutzungen zu beseitigen. Bei der U-Bahn ist das Unternehmen nicht nur für die Sauberkeit in den Fahrzeugen verantwortlich, sondern auch für die Reinigung von Gleisanlagen und Haltestellen.

Auch auf den Abstellgleisen herrscht um diese Uhrzeit bereits rege Betriebsamkeit. Direkt nach der Ankunft an ihrer Endhaltestelle wurden schon einmal sämtliche Müllbehälter der Züge geleert – ein Arbeitsschritt, der auch tagsüber obligatorisch ist. An Wochenenden, wenn es keine Betriebspause gibt und die Bahnen auch in der Nacht verkehren, muss sogar die gesamte Reinigung im laufenden Betrieb stattfinden. Vor der Fahrt in die Kehranlage kontrolliert jeder Zugfahrer noch einmal, ob sich noch Fahrgäste an Bord befinden. Wer zu dieser späten Stunde in der U-Bahn eingeschlafen ist, wird geweckt und muss seinen Heimweg anderweitig fortsetzen. Anschließend fährt der Fahrer den Zug in die Abstellanlage, damit er zum Betriebsstart am nächsten Morgen am vorgesehenen Platz steht.

U-Bahn-Waschanlage auf dem Betriebshof Farmsen

Auf den Kehrgleisen beginnt nun die eigentliche Fahrzeugreinigung: Nicht einmal zehn Minuten dauert es, bis ein U-Bahn-Wagen wieder glänzt. Alle Böden werden gewischt und die Sitze mit speziellen Sprühextraktionsgeräten gesäubert, die eine kurze Trocknungszeit garantieren. In der Betriebswerkstatt Farmsen wird die gesamte U-Bahn-Flotte außerdem alle 21 Tage einer Zwischenreinigung unterzogen. Dabei werden insbesondere die Fußböden und Sitzflächen noch einmal intensiver gesäubert, als es bei der täglichen Reinigung möglich ist. Alle drei Monate steht zudem eine Grundreinigung auf dem Programm, nach der die Fahrzeuge fast so sauber sind wie bei ihrer Auslieferung. Für die Außenwäsche steht in Farmsen eine U-Bahn-Waschstraße zur Verfügung. Bereits seit den sechziger Jahren wird die Reinigung dort stets mit moderner Technik vorgenommen, die Abläufe wurden seither kontinuierlich unter Arbeits- und Umweltschutzaspekten verbessert. In den vergangenen Jahren wurden die Waschanlagen vor allem in puncto Umweltschutz zusätzlich modernisiert. Durch die integrierte Wasser-Rückgewinnung konnte der Wasserverbrauch deutlich gesenkt werden. Neuartige Reinigungsverfahren, Reinigungsmittel und Materialoberflächen haben derweil den Einsatz chemischer Mittel reduziert. In allen Bereichen setzt die HOCHBAHN heute eine spezielle Hartbeschichtung ein, die den Abrieb und die Wiederanschmutzung deutlich verringert. Auch hartnäckige Graffiti lassen sich so deutlich leichter entfernen. Von Sprayern beschmierte U-Bahn-Wagen werden grundsätzlich direkt aus dem Verkehr gezogen und zum Betriebshof Farmsen gefahren, wo eine spezielle Abteilung der TEREG in einer eigens dafür vorgesehenen Halle für die Graffiti-Entfernung zuständig ist.

Nachtschicht für mehr Sicherheit

Zurück auf die Bahnsteige in Barmbek: Die letzten Fahrgäste haben die Haltestelle verlassen. Nun werden die Rollgitter an den Ein- und Ausgängen heruntergelassen. Das war einst Aufgabe der jeweiligen Haltestellenwärter; heute übernimmt das Team der HOCHBAHN-WACHE (HHW) die Sicherung der Anlagen. Seit das Tochterunternehmen der Hamburger Hochbahn AG

1992 unter dem Namen „U-Bahn-Wache" gegründet wurde, hat die HOCHBAHN ihr integriertes Sicherheitskonzept stetig weiterentwickelt und den Erfordernissen angepasst. Rund 400 Sicherheitsfachkräfte und Fahrkartenprüfer sind heute für die HHW tätig und haben auch in der Betriebspause die U-Bahn-Haltestellen und -Abstellanlagen sowie die Busbetriebshöfe der HOCHBAHN im Blick. Über die Monitore in der Betriebszentrale können sie stets alle Haltestellenbereiche einsehen. Die Videoaufzeichnung wurde in den vergangenen Jahren stetig ausgebaut, allein in den U-Bahn-Haltestellen sind rund 1 000 Kameras installiert. Trotz dieser technischen Möglichkeiten verzichtet die HHW aber auch nachts nicht auf ihre Streifen. Bis morgens um 6 Uhr sind die Mitarbeiter der Nachtschicht unterwegs, bevor sie an die Kollegen von der Tagschicht übergeben.

Unterstützt werden die Streifen von der „Einsatzgruppe Zivil" (EG Zivil). Diese Spezialabteilung kümmert sich insbesondere nachts

Alles im Blick: Mitarbeiter der HOCHBAHN-WACHE

darum, Vandalismusfälle aufzuklären und neue zu verhindern. „Das Tageslicht sehen die Mitarbeiter bei ihrer Arbeit nur selten", erzählt Peter Ramin, der frühere Leiter der EG Zivil. Heute ist sein Kollege Maik Hochfeld als Leiter einer 18-köpfigen Zivilgruppe dann im Einsatz, wenn es dunkel wird: „Die meisten Straftaten passieren spät abends und nachts. Dann sind wir – natürlich unbemerkt in Zivil – unterwegs. Man glaubt gar nicht, was sich in den Tunnel- und Abstellanlagen alles tut." Vor allem mit dem Thema Graffiti hat es Hochfelds Einsatzgruppe zu tun, die eng mit der Polizei und der Betriebszentrale zusammenarbeitet.

„Meine Mitarbeiter sind handverlesen", sagt Hochfeld. Das Team setzt sich vor allem aus erfahrenen Mitarbeitern der HHW zusammen. „Alle haben sich ausdrücklich auf eine Stelle in diesem Team beworben." Die richtige Motivation ist bei diesen Arbeitszeiten und den oft harten Bedingungen extrem wichtig. „Manchmal steht man stundenlang in den Abstellanlagen in der Kälte und wartet, bis sich die Sprayer aus ihrer Deckung wagen. Und dann muss es

Notrufsäule auf der Haltestelle Farmsen

schnell gehen. Für zwei vollständig beschmierte Wagen brauchen Sprayer gerade mal sieben Minuten", so der Experte. Hochfeld plant die Einsätze bereits im Vorfeld präzise. Dazu gehören Recherchen im Internet, wo die Graffiti-Szene sich mit besprühten U-Bahn-Wagen auf den Gleisanlagen zeigt. Aber auch die Abstimmung mit der Polizei und anderen Verkehrsunternehmen ist seine Aufgabe – oft sogar europaweit, denn die Szene kommt auch aus dem Ausland. Besonders in den Ferienzeiten reisen viele der meist jugendlichen Täter an.

Mit Hightech gegen den Schmutz

2.15 Uhr: Auf dem Busbetriebshof Mesterkamp sind die Reinigungsarbeiten inzwischen in vollem Gange. Jeweils sechs bis sieben Mitarbeiter bilden eine Reinigungskolonne. Marco Klemens ist als Vorarbeiter für die Koordination der insgesamt elf Mitarbeiter auf dem Betriebshof zuständig. Aufgrund des engen Zeitrah-

Bus-Waschanlage auf dem Betriebshof Wandsbek

Die Spezialpolster verschmutzen nicht mehr so leicht wie früher

mens ist eine gute Planung notwendig, damit hier gründlich gearbeitet werden kann – schon gegen 4 Uhr morgens müssen viele Busse wieder ihren Dienst antreten. Zuvor werden die Innenräume effizient gesäubert: Nachdem der Müll eingesammelt wurde, müssen Böden, Sitzflächen und Haltestangen gereinigt werden. Dabei setzt das Reinigungsteam zahlreiche neuartige Hilfsmittel ein, die manche Probleme früherer Tage verringert haben. „Bei der Reinigung der Sitzbezüge verhindern tensidfreie Reiniger die schnelle Wiederanschmutzung. Wischtücher aus Mikrofaser machen aggressive Reinigungsmittel und oft sogar warmes Wasser unnötig", erklärt Marc Liedtke. „So wird die Arbeit nicht nur effizienter, sondern schont auch die Umwelt – und die Gesundheit der Mitarbeiter." Nicht zuletzt sparen spezielle Klappwischer und schneller trocknende Sitzbezüge inzwischen auch viel Zeit.

Grundsätzlich orientiert sich der Arbeitseinsatz am Bedarf: Je stärker die Verschmutzung, desto größer der Reinigungsaufwand. Bei Schnee- oder Regenwetter wird deutlich mehr Schmutz in die Fahrzeuge getragen. „Besonders im Winter ist der Zeitrahmen natürlich sehr eng", gibt Liedtke zu. „Vor allem muss bei Minusgraden ein spezielles Mittel verwendet werden, da Wasser sofort überfriert." Gegebenenfalls wird auch zusätzliches Personal eingesetzt. Für die Außenreinigung stehen auf allen Betriebshöfen automatische Waschanlagen bereit, die ebenfalls bedarfsorientiert eingesetzt werden. Auf dem Betriebshof Mesterkamp gibt es bereits seit 1967 eine solche „Pflegestraße Außenreinigung". Darüber hinaus werden in allen Fahrzeugen elfmal jährlich Fußböden und Fenster grundgereinigt und neu versiegelt. Einmal im Jahr wird auch jeder Bus einer kompletten Grundreinigung unterzogen: Dabei werden alle Komponenten, insbesondere die Sitze und Haltestangen, intensiv gesäubert. „Die Tiefenreinigung nimmt selbstverständlich mehr Zeit in Anspruch, da sich zum Beispiel die Trocknungszeiten der Sitzpolster verlängern", sagt Liedtke. Trotzdem müssen die Busse während der Prozedur nur eine der rund achtstündigen Fahrschichten aussetzen. In den vergangenen Jahrzehnten hat die HOCHBAHN ihren Fahrzeugeinsatz immer effizienter gestaltet. Während sich die erforderlichen Standzeiten auf ein Minimum verringert haben, ist auch der Bedarf an Reservefahrzeugen deutlich geringer geworden.

Im Gleisbett hat Sicherheit Vorrang

„Bedarfsgerechte Reinigung" heißt der Grundsatz auch, wenn es um die Säuberung und Pflege der Haltestellen geht. Das Konzept, das in den siebziger Jahren eingeführt wurde, hat sich inzwischen in fast allen Bereichen bewährt und wurde seitdem stetig verfeinert, technisch verbessert und umweltschonender gestaltet. Schon am Tag, während des normalen U-Bahn-Betriebs, übernimmt ein TEREG-Mitarbeiter die Reinigung von jeweils drei bis vier Haltestellen, viele kleinere Aufgaben werden also bereits bei laufendem Betrieb erledigt. Manche Arbeiten müssen jedoch warten, bis der letzte U-Bahn-Zug abgefahren ist. Dazu gehört vor allem die Arbeit im Gleisbett.

Haltestelle Borgweg: Bahnsteigreinigung während der Betriebspause

Teamarbeit: Gleisbettreinigung auf der Haltestelle Hamburger Straße

Täglich um 8.15 Uhr beginnt die Schicht für Sven Fönschau und seine „Saugertruppe". Dann trifft er sich mit seinen Kollegen auf dem Firmengelände der TEREG in der Weidestraße, um zur Gleisreinigung zu starten. Ihre Arbeitszeit ist dem Rhythmus des U-Bahn-Verkehrs angepasst – am Wochenende, wenn die Züge auch nachts verkehren, pausiert die Truppe. Die Zeit für die Gleisreinigung ist knapp: Bis 4 Uhr morgens muss sie abgeschlossen sein. Wie schnell die Arbeiten vonstatten gehen, hängt auch hier von der Jahreszeit ab: „Besonders schlimm ist es im Herbst", erklärt Fönschau. „Dann muss auch das ganze Laub aus dem Gleis beseitigt werden."

Noch während die Züge fahren, beginnen die neun Mitarbeiter der Schicht deshalb mit dem ersten Reinigungsschritt. Per Hand sammeln sie sogenannten Grobmüll und Brandlasten wie Zeitungen und Kartons ein. Damit es nicht zu Unfällen kommt, sind fünf speziell geschulte Mitarbeiter als Sicherungsposten abgestellt. Zwei Kollegen steigen mit Handschuhen, Greifer und Müllsack ins Gleisbett, um in Windeseile den Gleisabschnitt zu säubern. Zwei weitere Männer beziehen zur Absicherung Stellung am Rande des Abschnitts. Zum Schutz vor der Hochspannung hat die HOCHBAHN eine spezielle Abdeckung für die Stromschienen entwickelt, die auch nicht entfernt werden muss, wenn Züge durchfahren. Der Kontakt mit einer der 750-Volt-Stromschienen würde tödlich enden. Eingespielte Arbeitsabläufe sind deshalb sehr wichtig, aber auch eine gute Ausbildung der Reinigungskräfte: „Die Sicherheit geht in jedem Fall vor", betont TEREG-Betriebsleiter Marc Liedtke. Nähert sich ein

Zug, gibt der erste Sicherungsposten ein lautes Warnsignal mit einem Horn. Damit erfolgt vor Ort die Warnung, sodass die Kollegen sich schnell aus dem Gleisbett entfernen können. „Schwere Unfälle hat es bei uns dank dieser präzisen Arbeitsweise nicht gegeben", sagt Liedtke stolz. Nach der Durchfahrt des Zuges kann die Truppe sofort weiterarbeiten. Ist der Abschnitt gesäubert, geht es für die Kolonne weiter zur nächsten Haltestelle.

Der zweite Schritt, die maschinelle Gleisreinigung, erfolgt erst nach Beginn der Betriebspause, denn dazu müssen die Stromschienen abgeschaltet werden. „In vielen Fällen können unsere geschulten Fachleute das inzwischen sogar selbst tun – natürlich immer in Absprache mit der Betriebszentrale der HOCHBAHN", erklärt Liedtke. Anderenfalls informiert der Vorarbeiter die Betriebszentrale telefonisch über den Einsatz. Um auf Nummer sicher zu gehen, wird noch ein „Erdungsbock" als sogenannter Kurzschließer zwischen Gleis und Stromschiene gesetzt. Er sorgt dafür, dass die Hauptsicherung sofort herausspringt, falls versehentlich noch Strom eingeschaltet ist. Nun ist alles bereit für den 60 Kilogramm schweren Industriesauger. Je zwei Mitarbeiter bedienen den Koloss: Während ein Mann im Gleisbett mit dem Saugschlauch Unrat aus dem Schotter zutage fördert, führt der zweite den Industriesauger auf dem Bahnsteig mit. Dabei sichert er das schwere Gerät und beseitigt Verstopfungen. Was der Sauger nicht schafft, muss per Hand eingesammelt werden.

Auf den Bahnsteigen ist nachts ausreichend Platz, um größere Gerätschaften einzusetzen. Seit die TEREG 1963 die Reinigung übernahm, blieb das Unternehmen in puncto Technik stets am Puls der Zeit. Schon in den sechziger Jahren wurden Bahnanlagen mit Abfallsaugern, Schrubbmaschinen und Dampfstrahlgeräten gesäubert. Während bewährte Verfahren seitdem stetig weiterentwickelt wurden, sparen neue Verfahren inzwischen einen Großteil der chemischen Reinigungsmittel ein. Einmal im Monat steht für jede Haltestelle eine Grundreinigung auf dem Programm: Zunächst wird der gesamte Bahnsteig mit Reinigungsmittel eingeschäumt. Eine Einscheibenmaschine löst anschließend den Schmutz vom Boden und aus den Fugen. Schließlich nimmt ein „Schrubb-Saug-Automat" den Schmutz auf und trocknet im gleichen Schritt den Boden. Wände und Treppen werden derweil mit Hochdruckstrahlern bis in die kleinste Ecke gesäubert. Weitere Mitarbeiter der Kolonne kümmern sich um das Mobiliar: Von Glasscheiben über Sitzgelegenheiten bis hin zum Haltestellenschild polieren sie alles, bis es wieder strahlt. Jeden Abend bringt die Reinigungskolonne auf diese Weise drei Haltestellen auf Vordermann.

Einsatz des „Schrubb-Saug-Automaten"

Arbeiten bei laufendem Betrieb sind möglich, wenn der Abstand zum aktiven Gleis groß genug ist

Schwerstarbeit im Tunnel

2.55 Uhr: Helle Funken erleuchten den Tunnel der U2 zwischen den Haltestellen Hammer Kirche und Rauhes Haus. Eine Weiche muss ausgetauscht werden – eine aufwendige Aufgabe, die nur in der Betriebspause durchgeführt werden kann. Bis zum Morgengrauen muss die Strecke wieder befahrbar sein, deshalb ist zügiges Arbeiten gefragt. Bereits während der Betriebszeit hat die 8-köpfige „Rotte", so die Bezeichnung für die Gleisbauer-Kolonne, das nötige Material am Gleis verteilt. Nachdem der letzte Zug durchgefahren ist, beginnen die Gleisbauer sofort, die Schrauben zu lösen und die Schienen zu zersägen. Auch heute noch ist dies besonders harte körperliche Arbeit, denn technische Hilfsmittel können nur sehr begrenzt eingesetzt werden: Für größere Geräte ist im Tunnel einfach kein Platz. Weichenteile, Schienen und Schwellen müssen per Hand ausgebaut werden. Selbst den Schotter schaufeln die Arbeiter mit reiner Körperkraft. Und anschließend wird alles wieder per Hand eingebaut. 30 Meter Gleis kann eine Rotte so in einer Nacht erneuern – verschwindend wenig angesichts der zurzeit insgesamt

Thermitschweißarbeiten dagegen ...

101 Tunnelstreckenkilometer. Kein Wunder also, dass jede Betriebspause für Wartungs- und Reparaturmaßnahmen genutzt wird.

Nach dem Einbau der Weichen und Schienen sind die Signalschlosser und Schweißer gefragt. Ein besonderes Schauspiel ist das Zusammenfügen der Schienenstöße, das im sogenannten Thermit-Schweißverfahren erfolgt: Zunächst bauen die Schweißer mit Sand- und Schamottesteinen eine Form an die Schienen und wärmen mit einem Schweißbrenner die Schienenenden vor. In einem kleinen „Hochofen" vor Ort wird dann ein Gemisch aus Eisenoxid und Aluminiumpulver gezündet, wobei 2 500 Grad heißes, flüssiges Eisen entsteht. Dieses fließt in die Schamotteform und fügt die Schienenenden zum Schienenstrang. Nachdem die Schienen verbunden wurden, steht noch die Feinarbeit auf dem Programm: Die Schamotteform und der überstehende Schweißgrat werden abgeschert und die Fahrfläche der Schiene plangeschliffen – ein wichtiger Vorgang für Qualität und Nutzung des Schienenweges.

Arbeitszüge erobern die Schienen

Bei allen Arbeiten in der Nacht sind Sicherungsposten am Anfang und am Ende der jeweiligen Streckenabschnitte im Einsatz, denn auch in der Betriebspause steht der Verkehr nicht vollständig still. Zwischen Baustellen und Betriebshöfen verkehren ständig Arbeitszüge mit Materialien. Solche Züge werden auch genutzt, wenn zum Beispiel im Winter Streusandkisten aufzufüllen sind oder abgeschnittenes Strauchwerk vom Streckenrand abzu-

... sollten in der Betriebspause stattfinden

transportieren ist. Wenn sie sich einer Baustelle nähern, warnen die Sicherungsposten die Arbeitstrupps, damit diese sich von den Schienen entfernen können. Früher wurden die Arbeitszüge mit Diesel-Lokomotiven betrieben, damit sie auch bei abgeschalteter Stromschiene verkehren konnten. Inzwischen ist die HOCHBAHN auf umweltfreundliche Akku-Loks umgestiegen, sodass bei Arbeiten im Tunnel die Arbeiter nicht durch Abgase belastet werden.

Und noch zwei weitere Arten von Zügen sind vorwiegend nachts unterwegs: In mehreren Durchgängen fahren Schienenschleifzüge das gesamte Streckennetz ab, um selbst millimeterfeine Riffel von den Schienen zu entfernen. Diese Maßnahmen tragen wesentlich dazu bei, dass die Fahrschienen lange erhalten bleiben und dauerhaft nutzbar sind.

Der 19 Tonnen schwere Gleismesswagen der HOCHBAHN, der ebenfalls in der Betriebspause seine Runden dreht, erkennt frühzeitig, wenn sich Schiene und Gleisbett in Lage und Profil verändern. An diesen Stellen tritt nun der Stopfzug in nächtliche Aktion, unterstopft mit maschinellen Stopfaggregaten die Schwellen und richtet den Schienenstrang aus. Damit kann die mühevolle Arbeit der Gleisbauer reduziert werden: Sie mussten früher weite Strecken des Schienennetzes mit Stopfhämmern von Hand stopfen. Heute ist dies nur noch auf Brücken und Viadukten notwendig – natürlich unter ständiger Begleitung von Sicherungsposten.

Nachtarbeit ist für viele Prüftechniker und Elektriker bei der HOCHBAHN keine Seltenheit. Um das weit verzweigte Netz der Stromleitungen der Zugsicherungs- und Kommunikationstechnik zu überprüfen, muss der Strom zumeist ausgeschaltet werden, und das ist nur außerhalb der Betriebszeiten möglich. Nur in Ausnahmefällen kann etwa eines der Unterwerke, also der Nahtstellen zwischen Stromversorger und HOCHBAHN-Netz, für Wartungsarbeiten abgestellt werden. Auch Reparaturen an Signalen und Stromschienen wären bei laufendem Betrieb unmöglich.

Plakatwechsel im Morgengrauen

Inzwischen ist es 3.45 Uhr. An der Haltestelle Feldstraße bleiben die Eingangstore noch verschlossen. Während die Mitarbeiter der TEREG auf dem Bahnsteig ihr Arbeitsmaterial verstauen, sind ihre Kollegen von der Hamburger Verkehrsmittelwerbung (HVW) noch in vollem Einsatz. Werbe- und Plakatflächen gehören seit jeher ins Bild von Haltestellen. Die HVW wurde bereits 1937 als HOCHBAHN-Tochter gegründet und gehört heute zur Ströer Gruppe, an der auch die HOCHBAHN beteiligt

Arbeitszug mit E-Lok an der Haltestelle Barmbek, 2009

Infoscreen: Bewegte Bilder per Videobeamer verkürzen die Wartezeit

ist. Ein Team von sechs Mitarbeitern sorgt dafür, dass in den Haltestellen stets die aktuellsten Botschaften präsentiert werden. Über 1500 Plakate sind im Hamburger U-Bahn-Netz platziert und werden zeitlich versetzt alle zehn Tage ausgetauscht. Bei den Plakatwänden und Leuchtkästen auf den Bahnsteigen geschieht dies tagsüber, die Plakate hinter den Gleisen aber können nur in der Betriebspause gewechselt werden. Mit wenigen Handgriffen ist dies vollbracht: Um Zeit zu sparen, werden die Tafeln bereits vor dem Einhängen fertig beklebt und lassen sich platzsparend einklappen. Zwei Mitarbeiter steigen ins Gleisbett und hängen die alten Werbetafeln aus, zwei weitere nehmen sie auf dem Bahnsteig entgegen und reichen die neuen Tafeln an. Ebenfalls aus Zeit-, aber auch aus Sicherheitsgründen wird in der Nähe der Stromschienen darauf verzichtet, mit Kleister zu arbeiten. Die beiden übrigen Kollegen sichern während des kurzen Eingriffs den Ort des Geschehens und geben ein Signal, wenn ein Zug sich nähert. Nach wenigen Minuten ist die Aktion beendet, und das Team zieht zur nächsten Plakatwand weiter.

Nun wird es nicht mehr lange dauern, bis am Haltestelleneingang die Rollgitter hochgezogen werden und die ersten Fahrgäste kommen.

Plakatarbeiten im Gleisbett, 1976

Das Ende einer Nachtschicht

Im Busbetriebshof Mesterkamp vollzieht sich gegen 4.15 Uhr der Wechsel zum Tagesgeschäft. Noch bevor sich die Morgensonne auf den frisch gesäuberten Bussen spiegelt, beginnen hier wieder die ersten Linienfahrten. Am Informationsterminal melden sich die Fahrer mit ihrem Mitarbeiterausweis an. Hier können sie auf das Mitarbeiterportal zugreifen, eine Art Intranet, in dem sie Dienstpläne sowie Neuigkeiten der HOCHBAHN erfahren, aber auch Formulare und andere Unterlagen herunterladen können. Automatisch zeigt ihnen das Display ihren Dienstplan und den Standort ihres Fahrzeugs an. Außerdem erfahren sie hier alle Zeitvorgaben wie die Wendezeiten an den Endhaltestellen. Auf den Abstellplätzen stehen die Busse – im Winter bereits vorgeheizt – für ihr Tagewerk bereit.

Für Marco Klemens und seine Kollegen neigt sich die Nachtschicht dem Ende zu. Während sie im Morgengrauen ihren Heimweg antreten, erwacht der Rest der Hansestadt allmählich zum Leben. Nur ein kleiner Teil des Reinigungspersonals bleibt weiter auf dem Betriebshof: Noch bis 6 Uhr werden sie die Fahrzeuge der Nachtlinien zum Strahlen bringen.

Bei Tagesanbruch sind alle Busse wieder einsatzfähig

Motive auf den Kapitel-Startseiten:

Seite 10/11: Betriebshof Barmbek, 1915
Seite 34/35: Haltestelle Süderstraße, 1915
Seite 58/59: Tunnelbau an der Sternschanze, 1910
Seite 76/77: DT1, 1958
Seite 98/99: Bus-Umsteigeanlage Poppenbüttel, 2011
Seite 126/127: Haltestelle Kellinghusenstraße, 2011

Bildnachweis

Falls im Folgenden nicht anders angegeben, stammen die Bilder aus den Beständen des Historischen Archivs der Hamburger Hochbahn AG.

Hartmut Völker (aktuelle Fotos)
DHM, Berlin/Sammlung Sachs (S. 38)
David Bennett: Metro, Stuttgart 2005 (S. 41)
Karikatur aus Simplicissimus 14, 1909 (S. 45)
Gemälde von C. Saltzmann: „Erste elektrische Straßenbeleuchtung in Berlin", 1884 (S. 52)
www.hamburg-archiv.de (S. 53)
Museum für Hamburgische Geschichte (S. 61 und 62)

Alle Angaben zu Bildrechten wurden mit großer Sorgfalt recherchiert und überprüft. Sollten dennoch berechtigte Ansprüche bestehen, so werden diese selbstverständlich im Rahmen der üblichen Vereinbarungen abgegolten.

Impressum

Herausgegeben von:

Hamburger Hochbahn AG
Steinstraße 20
20095 Hamburg
www.hochbahn.de

Copyright © 2011 Hamburger Hochbahn AG, Hamburg

Verantwortlich:	Marketing und Kommunikation, Hamburger Hochbahn AG
Konzept und Recherche:	Daniel Frahm, Annelie Wöstenfeld
Projektteam:	Jenny-Lee Ahrend, Daniel Frahm, Annelie Wöstenfeld
Text:	Björn Müller, Dr. Klaus Schlottau, Dr. Jürgen Bönig, Daniel Frahm, Helge Burkhardt, Henrik Eßler, Christiane Friedrich
Redaktion und Lektorat:	Juliane Topka, Hamburg
Gestaltung/Fotografie:	Hartmut Völker, Hamburg
Satz und Lithografie:	Hardy & Hardy, Hamburg
Druck:	Rasch, Bramsche

Wir weisen darauf hin, dass Begrifflichkeiten der männlichen Form sich selbstverständlich auch auf weibliche Personen beziehen.

Das Werk ist urheberrechtlich geschützt. Die dadurch begründeten Rechte, insbesondere die der Übersetzung, der Entnahme von Abbildungen, der Funksendungen, der Wiedergabe auf fotomechanischem oder ähnlichem Wege und der Speicherung in Datenverarbeitungsanlagen bleiben, auch bei nur auszugsweiser Verwendung, vorbehalten. Die Wiedergabe von Gebrauchsnamen, Handelsnamen, Warenbezeichnungen usw. in diesem Werk berechtigt auch ohne besondere Kennzeichnung nicht zu der Annahme, dass solche Namen im Sinne der Markenschutzgesetzgebung als frei zu betrachten wären und daher von jedermann benutzt werden dürften.

ISBN 978-3-9812591-3-1

Printed in Germany